汉武帝像,选自明代《三才图会》

《汉宫春晓图》（局部），明代仇英绘

《汉宫春晓图》(局部),明代仇英绘

《上林图》（局部），明代仇英绘

《上林图》（局部），明代仇英绘

张骞出使西域图,莫高窟第323窟壁画

上林苑驯兽图,西汉墓砖制彩绘壁画

马王堆一号汉墓 T 形帛画

四神云气图,芒砀山柿园汉墓壁画

《建章宫图》（局部），元代，绘者不详

"汉并天下"瓦当

《汉宫秋图》局部放大

《汉宫秋图》(局部),宋代,绘者不详。图中坐于榻上者当为汉武帝

火起建章宫

汉武帝天命之年的荣耀、危机与救赎

李凯 —— 著

天地出版社 | TIANDI PRESS

图书在版编目（CIP）数据

火起建章宫：汉武帝天命之年的荣耀、危机与救赎 / 李凯著. -- 成都：天地出版社，2025. 8. -- ISBN 978-7-5455-5256-0

Ⅰ.K234.109

中国国家版本馆CIP数据核字第20258MR635号

HUO QI JIANZHANG GONG：HANWUDI TIANMING ZHI NIAN DE RONGYAO、WEIJI YU JIUSHU
火起建章宫：汉武帝天命之年的荣耀、危机与救赎

出 品 人	陈小雨　杨　政
作　　者	李　凯
责任编辑	孙　裕　王佳伟
责任校对	马志侠
封面设计	周伟伟
责任印制	王学锋

出版发行	天地出版社 （成都市锦江区三色路238号　邮政编码：610023） （北京市方庄芳群园3区3号　邮政编码：100078）
网　　址	www.tiandiph.com
电子邮箱	tianditg@163.com
经　　销	新华文轩出版传媒股份有限公司

印　　刷	北京文昌阁彩色印刷有限责任公司
版　　次	2025年8月第1版
印　　次	2025年8月第1次印刷
开　　本	880mm×1230mm 1/32
印　　张	8
彩　　插	12P
字　　数	160千字
定　　价	68.00元
书　　号	ISBN 978-7-5455-5256-0

版权所有◆违者必究

咨询电话：(028) 86361282（总编室）
购书热线：(010) 67693207（营销中心）

如有印装错误，请与本社联系调换

目 录

引 言
001

第一章
柏梁：刘彻君临天下的排场
011

第二章
建章：追忆昔日的金戈铁马
037

第三章
天下：汉武时代的胸襟气魄
057

第四章
博望：运筹帷幄与八方向化
081

第五章
阊阖：古郊祀礼与方士妄怪之说
097

第六章
朝廷：汉武帝臣子的生存之道
115

第七章
太液：万乘之尊的敏感一面
143

第八章
承露：帝王执迷的长生之梦
159

第九章
千门：汉武帝晚年的生活环境
175

第十章
甘泉：汉武帝酿下大祸的离宫别馆
189

第十一章
五柞：汉武帝的人生终点与救赎
211

第十二章
尾声：中年武帝与悠悠汉家
227

附　录
241

后　记
245

引 言

在历史上，越是大人物，对其的毁誉越激烈。有人把他捧到天上，也有人把他骂得一塌糊涂。雄才伟略和骄奢荒淫、选贤举能和专断无度、内多欲和外施仁义、大一统和激化矛盾、千古圣君和独夫民贼……评价上的冲突在汉武帝身上体现得极为突出。

《汉书·武帝纪》叙述完汉武帝轰轰烈烈的一生后，班固评价道：

> 罢黜百家，表章六经……兴太学，修郊祀，改正朔，定历数，协音律，作诗乐，举封禅，礼百神，绍周后，号令文章，焕焉可述。后嗣得遵洪业，而有三代之风。如武

帝之雄才大略，不改文景之恭俭以济斯民，虽《诗》《书》所称何有加焉！

对此，清代学者赵翼也在《廿二史札记》的《汉书武帝纪赞不言武功》中评价：

是专赞武帝之文事，而武功则不置一词。抑思帝之雄才大略，正在武功。……统计武帝所辟疆土，视高、惠、文、景时几至一倍，西域之通尚无与中国重轻，其余所增地，永为中国四至，千万年皆食其利。故宣帝时韦玄成等议，以武帝丰功伟烈，奉为世宗，永为不毁之庙。乃班固一概抹煞，并谓其不能法文景之恭俭，转以开疆辟土为非计者。

汉武帝以"武功"著称，但班固之《赞》肯定的都是"文事"。赵翼说："盖其穷兵黩武，敝中国以事四夷，当时实为天下大害。故宣帝时议立庙乐，夏侯胜已有'武帝多杀士卒，竭民财力，天下虚耗'之语。至东汉之初，论者犹以为戒，故班固之《赞》如此。其《西域传赞》亦谓，光武闭玉门关，谢外国朝贡，虽大禹之叙西戎，文帝之却走马，殆无以过。其持论犹此意也。"汉武帝一生致力于开疆拓土，即便"以武帝丰功伟烈，奉为世宗，永为不毁之庙"，这些功业还是被以班固为代表的后世儒生有意淡化了。

汉武帝于前156年出生，前87年驾崩，他活到了七十岁，掌握最高权力五十四年。在封建社会，长久执掌权力使得有为的统治者得以充分施展抱负，带来治世（商武丁王据说在位五十九年；周穆王在位五十五年；康熙在位六十一年；乾隆在位六十年，退位后做了三年太上皇，在位时间远远超过了其他帝王）。

由元鼎元年（前116年，此年汉军攻破南越，张骞正在奉皇帝之命第二次出使西域，大一统王朝的构想按部就班地推进）到太始元年（前96年，此年大史学家司马迁获得赦免出狱，出人意料地担任了汉武帝的中书令，掌握文书机要，伴随皇帝左右）的二十年算是汉武帝的中年阶段。由太始元年到后元二年（前87年，此年汉武帝驾崩于五柞宫），这最后九年是他的老年阶段。

不可否认，汉武帝作为王朝的最高统治者，如果能够对未来世界有清晰的认知，自然也能够驾驭王朝的政局，避免个人的危机。然而，他中老年时期遗留下来的一系列矛盾积重难返，随着其衰老，政治与社会危机最终爆发，一发不可收拾。汉武帝晚年的反思，和即将出现的昭宣中兴有承接关系，也可以算作他中老年危机的救赎。

中年危机是普遍存在的现象。在天命之年前后，人会发生一系列变化，或剧烈，或微妙。中年是人生爬坡时期的后段，也是收获时节，荣誉和成就纷至沓来。然而事业、健康、家庭等方面的一系列挑战，也会导致中年人在生理、心理上出现种种不适。一连串变化可能会造成中年人焦虑、失落甚至抑郁，有些人还会出现一些非理性乃至反理性的行为。我们如果通过这一视角，审视大名鼎鼎且是非不断的汉武帝，会产生别样的认识和启迪：汉武帝中晚年的狂悖，或由其中年危机、情志障碍、神仙迷信乃至致幻丹药造成，这些均属于很典型的非理性因素。

中年危机的出现，即使对一般人的人生也会产生很大影响；当主人公是决定万人生死、掌握国家命运的帝王时，伴随中年危机而发生的非理性行为，更是不可小觑。我们可以批评汉武帝在许多层面上调节失策，或者力度不够，让武帝一朝的政治留下了遗憾；然而，毕竟武帝一朝向昭宣时代发生了转轨，汉王朝没有毁在他的手里，在这个意义上，他突围了。

汉武帝在巫蛊之祸等诸多事件以后，回顾过去的人生经历，似乎也在一定程度上看到了自己的狂悖和不足，并试图从中吸取教训，留下成熟老练的顾命大臣辅弼储君。他很可能设定了新目标，这些目标更顺应人心、具体可视、可衡量、可实现。他要求储君完成王朝政治的转变并主动适应这些变化。固然这些来得太晚，或者说拨乱反正的任务只能交给后来人；但人无完人，况且他也曾给汉王朝带来广阔疆域，巩固了统一多民族国家秩序。

我们的话题从建章宫说起。"火起建章宫",不是简单地说一把大火烧了建章宫,而是说建章宫因柏梁台的火灾才得以拔地而起。在武帝去世后十年不到,建章宫就被冷落,王莽末年又遭拆毁,"坏彻城西苑中建章、承光、包阳、大台、储元宫及平乐、当路、阳禄馆,凡十余所,取其材瓦,以起九庙"(《汉书·王莽传》)。两汉之交的战火给宫廷带来了劫难。建章宫的命运似乎也暗合了西汉王朝的走向,尤其是汉武帝中晚年的兴衰荣辱。

建章宫是汉长安城的重要建筑,面积约 6 平方千米,相当于 8 个故宫[①],代表了西汉强盛时期建筑的最高水平,比汉初的长乐宫、未央宫有过之而无不及。其规模宏大,有"千门万户"之称。建章宫是汉武帝于太初元年(前 104 年)建造的宫殿群,这时候汉武帝已过了天命之年。在建章宫等建筑中,中老年的汉武帝导演了一出出大戏。

建章宫遗址在今陕西西安市未央区的高堡子、低堡子、双凤村、柏梁村和孟家村一带。目前已考古发掘的面积不足建章宫整体规模的十分之一,现有前殿、太液池、神明台、双凤阙等几处遗迹,可供后人凭吊。

宫城的正殿为前殿,遗址在今高堡子村,现在依然可见高

---

① 故宫面积为 0.72 平方千米。

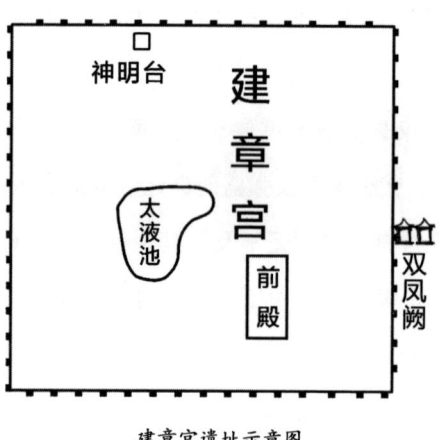

建章宫遗址示意图

大的夯土台基上有巨大的柱础石。前殿基址南北长320米，东西宽200米，北高南低，北部高于今地面10余米。遗址中还曾出土西汉常见的几何纹铺地方砖和"与天无极""长乐未央"瓦当。

太液池在前殿西北450米处，池平面呈曲尺形，东西长510米，南北宽450米。太液池是一个相当宽广的人工湖，因池中筑有三神山而著称。这种"一池三山"的布局对后世园林有深远影响，并成为创作池山的一种模式。现在，我们仍可在太液池遗址中见到高大的夯土台，那是曾经的假山。在池西北岸，曾出土一鱼形石雕，是曾立于岸边的石鲸。池东北有渐台基址，现存东西长60米，南北宽40米，残高8米。① 新莽时期刘玄兵从宣平门入，王莽逃至渐台上，为众兵所杀。

在今孟家村北有一个方形夯土基址，东西长52米，南北长50米，残高10米，可能是建章宫内的神明台遗址。文献记载神明台在建章宫中，用以安置铜柱仙人，承接天上"甘露"以求长生，表现出汉武帝对长生不老的追求。②

建章宫四面皆有宫门（司马门），东宫门在前殿以东700米，

---

① 台址在水中，故名渐。渐本水名，引申为沾湿、浸润。《诗经·卫风·氓》："淇水汤汤，渐车帷裳。"是说淇水很大，把车帷和衣裳弄湿了。
② 《文选》李善注引《汉书》："孝武立神明台。"《三辅黄图·建章宫》："神明台在建章宫中，祀仙人处，上有铜仙舒掌捧铜承云表之露。"

宫门外双凤阙阙址尚存。汉代成对地建在城门或建筑群大门外表示威仪等第的建筑物，就是阙。[①] 二阙址间距为53米，保存较好的西阙址底径17米，残高11米。由二阙址东西并列情况来看，东宫门不是坐西朝东，而是坐南朝北。考古勘探发现，二阙址间有一条南北路，宽50米，由阙址向南500米，南北路与通往建章宫前殿的东西路相交。双凤阙是我国现存最早的古代阙址。阙址在双凤村东南，双凤村就是由双凤阙而得名。双凤阙可能毁于两汉之交的战火，也可能毁于董卓之乱，难以确考。

寥寥几处遗迹，就是目前我们对建章宫的全部认识了。

除此以外，汉家还有大量的离宫别馆，如甘泉宫、五柞宫；也有面积广阔的园苑，如上林苑、博望苑等。这些宫苑都已经消失在历史长河中，但是我们能够想见汉武帝穿梭在长安鳞次栉比的宫苑中，场面何其威严，何其宏壮。

萧何在汉朝建立后，在秦律的基础上制成汉代的《九章律》，它对汉代乃至于此后中国封建时代法律制度的建设，产生了很大的影响，成为萧何的重要功绩。此外，他主持营建的未央宫让皇宫"壮丽"、皇帝"重威"，对汉家制度建设的意义也是不

[①] 因左右分列，中间形成缺口，故称阙（古代"阙""缺"多通用）。阙的雏形是古代门口两侧的岗楼，在人们能够建造大型房屋后，阙演变成门外侧彰显威仪的建筑，防御功能逐渐减弱。

可小觑的。未央宫如此，后来的建章宫也是如此。

皇帝要确立皇权的威严，未央宫、长乐宫和建章宫的巍峨，就是为了突出皇权。未央宫竣工后，汉高祖刘邦来视察，见宫阙规模巨大，排场铺张，很是生气。他训斥萧何，天下大乱之际，打了好几年仗，还不知道能不能得到天下，为什么把宫殿造得这么铺张？萧何说："天下方未定，故可因遂就宫室，且夫天子以四海为家，非壮丽无以重威，且无令后世有以加也。"萧何意思是，天下大局就要定了，所以要就势造宫殿，四海之内都是天子您的家业，宫殿不搞这么大气魄，不这么华丽，怎么能表现出这种威风来？而且还得让后代没法超过才行！刘邦听了便高兴起来，由栎阳迁居长安。可见，未央宫的壮丽极大地烘托出君主的威严，也是"圣人执要，四方来效"的体现。

汉文帝继承了未央宫、长乐宫以及汉家其他的政治遗产，觉得自己住在先帝留下的宫殿中十分奢侈，有德不配位之感。但是到了汉武帝时，他觉得前代的未央宫、长乐宫寒酸了、不够用了，又建造了举世瞩目的建章宫。这里的确表现出封建统治者的穷奢极欲，但其中也有社会治理的考量。可以说，汉武帝很大程度上是在汉家宫廷中实现了王朝的治理。建章宫建筑群和汉武帝天命之年以后的历史捆绑到了一起，某种程度上是一种命运的巧合。

第一章

柏梁：刘彻君临天下的排场

我们都读过古诗,尤其是唐诗。不管七言五言,还是绝句律诗,都有很多脍炙人口之作。不过唐诗的格式也是逐渐发展而成的,后来定型的唐诗与《诗经》中收录的诗歌相比,已有了很大变化。那么七言古诗从哪里来?哪首诗是第一首七言诗呢?这就得说到魏文帝曹丕。有人认为,曹丕的两首《燕歌行》①是现存最早的纯粹七言诗。

但七言诗之始,或说出于《诗经》《离骚》,或说起于汉《柏梁台诗》,说法不一,近人多笼统曰起于汉魏。那么,汉武帝和其臣子的柏梁台赋诗,是七言诗的起源吗?

---

① 这组诗写一个女子思念远方的丈夫。其中一首写道:"秋风萧瑟天气凉,草木摇落露为霜。群燕辞归鹄南翔,念君客游思断肠。慊慊思归恋故乡,君何淹留寄他方?"是说,秋风萧瑟天气渐渐转凉,草木凋落白露结为霜。群燕天鹅都向南归翔,想起你还在外客游令我愁断肠。你心中失意思念家乡,为什么还要久留在他方?全诗把人物情感表现得缠绵悱恻,凄婉动人。

未央宫外柏梁香

柏梁台是汉代的台,也是建章宫的前身。后来人们青睐"柏梁"这个名词,用它来泛指宫殿。

描写秦都咸阳以及西汉都城长安的地理书《三辅黄图》交代:

> 柏梁台,武帝元鼎二年春起。此台在长安城中北阙内。《三辅旧事》云,以香柏为梁也,帝尝置酒其上,诏群臣和诗,能七言诗者乃得上。太初中台灾。

柏梁台是元鼎二年(前115年)春天建造的。这时汉武帝已是中年,他以孔仅为大农丞,以桑弘羊为大农中丞。他们推行均输法,统一征收、买卖和运输货物,满足了武帝连年对边境用兵的需要,也供应了其不断封禅、巡幸和赏赐的费用。这一年,张骞从西域又一次东归长安,丝绸之路由此开通,中外文化交流也开始了新纪元。

这正是汉武盛世的关键时期,踌躇满志的最高统治者已经取得了一项项前人不可企及的业绩,并且以强有力的手腕攻克难关,自然流露怡然之情。中年接近人生的收获阶段,固然还在人生的爬坡时期,但许多付出已经结出果实。

问题来了,柏梁台在哪里呢?由于西汉末的大火,宫殿楼阁付之一炬，好多事情都说不清了。因此，柏梁台的位置有不同的说法。

一种说法认为它属于未央宫，在著名的藏书楼天禄阁旁边。《三辅黄图》说"此台在长安城中北阙内"，有的版本"阙"作"关"，也有的作"门"，到底是什么呢？"关"在城门外。这里说的是在"城中"，若又在"北关"或者"北门"外，那就自相矛盾了，所以此处是"阙"无疑。

《长安志》云：

> 柏梁台，汉武帝造，在北阙内道西。

这则材料引起了考古工作者的重视。北阙指未央宫北阙，亦称玄武阙，在未央宫北司马门外。据发掘，在未央宫北墙距天禄阁遗址东北约60米处，有一道宽约10米的缺口，应是北司马门。据此，可以推定柏梁台当在天禄阁遗址附近。但是这部无名氏的《三辅黄图》是后人的追溯，也有记错了的可能性。

另一种说法认为，柏梁台不在汉长安城里，而在未央宫西的建章宫区域，建章宫太液池遗址西北的东柏梁村、西柏梁村是柏梁台所在地。此处在汉长安城外的西侧，虽然在城外，但不远。也有人说，可能是人们误将汉建章宫神明台遗址夯土台当成了汉未央宫柏梁台故迹，"柏梁村"由此得名。这个推论没太多道理，因为夯土台很多，不好一一对应。

两种说法哪个可信呢？愚以为后者，依据是建章宫兴建的缘由。汉武帝太初元年（前104年），柏梁台毁于大火。《史记·孝武本纪》载："十一月乙酉，柏梁灾。"《汉书·五行志》多了一句"先是大风发其屋"。也就是说，大风助长了火势，柏梁台付之一炬。这时候一个叫勇之的粤巫，告诉汉武帝，按照他们那里的风俗，旧的建筑失火，得盖新的，还得比之前的大，才能镇住，所以汉武帝下令盖了比柏梁台更有排场的建章宫。如果说柏梁台和建章宫不在一起，恐怕是讲不通的。

另外还有证据。《史记·平准书》记载："是时，越欲与汉用船战逐，乃大修昆明池，列观环之。治楼船，高十余丈，旗帜加其上，甚壮。于是天子感之，乃作柏梁台，高数十丈。宫室之修，由此日丽。"这是说汉武帝为了经营南方，预先训练水军，修建了著名的人工蓄水池昆明池，并在周围建造了许多建筑物。同时，还在昆明池里面训练楼船，场面非常壮观。汉武帝看到这些景象后，非常震撼，心潮澎湃，于是下令修建了高达数十丈的柏梁台。

有人说，只有当柏梁台位于靠近西城墙的地方，才最适合俯瞰上林苑，适合登高远眺长安城西南昆明池上的壮观景象。要足不出宫而使上林壮景尽收眼底，这一位置得天独厚。如果将高台建在"北阙内"的话，人的视线就会被坐落在龙首山上的建筑物挡住，失却了"天子感之，乃作柏梁台"的本意。何况北阙内再建台，有无"重复建设"之嫌呢？当时未央宫西南是一片辽阔水域——沧池，使台不能再向南建。柏梁台作为汉长安城进入大规模建设的标志和见证，它的诞生意义重大，影响深远。如果不是在昆明池一带，柏梁台的合理性讲不通。《汉武故事》云："起柏梁台以处神君。"说明此建筑与武帝求神有关。这也让人联想到太液池、神明台一类建筑。

为什么叫柏梁台呢？《汉武故事》中说："以香柏为之，香闻数十里。"香柏生长于高海拔的山上，通常在朝南山坡的最高处。据说很久之前，香柏树是常见的，可随着人类居住地扩张，后来只能在几处常年积雪的深山里寻见它。香柏树长得极其高大，有着清冽的芬芳，堪称植物中的"王"。柏梁台的高度，据《三辅旧事》云："台高二十丈，用香柏为殿。"二十丈约合今46米。香柏只是做殿的大梁（《汉书·郊祀志》云："作柏梁铜柱"），支撑着屋顶。专家指出，古代金石学著录中有"元鼎二年，柏梁四九"砖文，是宋代元丰三年（1080年）著名学者吕大防在汉故城中找到的。① 这里的"四九"，是陶工制陶的号数，与近年所出瓦片记数体例相同。

---

① 陈直先生指出，《金石屑》卷三第四页，有"元鼎二年，柏梁四九"砖文，为宋元丰三年吕大防得于汉故城者，四九系陶工制陶之号数，与西汉各瓦片上记数情形相同。见陈直：《汉书新证》，中华书局2008年版，第32页。

清《金石屑》中"元鼎二年，柏梁四九"砖文（右起第四行）

旧传最早的联句诗

《柏梁台诗》很有趣，是一首联句诗。联句诗也叫连句诗，是每人一句或两句诗，多人连续作出的一种诗。联句诗向来被古人认为是游戏诗体，玩儿出来的，多为应景之作，图个热闹，只求形式，水准不高，流传下来的只有少量佳作。

《柏梁台诗》曾被认为是最早的联句诗。在柏梁台上开宴，二千石以上的高官，能作七言诗者，可以坐于上席。皇帝首先作了一句，亲王、大将军、丞相等按官位高低每人接下去作一句，都用皇帝所作第一句的韵脚，句句押韵。

日月星辰和四时。（汉武帝）

这是天子作的。王者父天母地，是天之子，与天地共寿，与日月同辉。后代往往把天子理解成作威作福的统治者，但上古时期的王可不是这样的。面对不同的自然灾害与社会挑战，王者作为首领，其责任之艰巨可想而知。他们之所以能成为王者，可能是因为他们掌握着他人没有的技术与学问。或者说，在长期的生产生活中，功绩卓著者应时代需求脱颖而出，成为整个部落联盟的王者。这一时期的王者，是生于忧患的强者，是见多识广、耳聪目明的专家。调和人事以顺应日月星辰和春夏秋冬，是其不可推卸的责任。

《史记·五帝本纪》载，黄帝在与炎帝进行阪泉之战前"修德振兵，治五气，艺五种，抚万民，度四方"，被诸侯尊奉为天子之后，"时播百谷草木……劳勤心力耳目，节用水火材物"；帝颛顼"养材以任地，载时以象天"；帝喾"顺天之义，知民之急。仁而威，惠而信，修身而天下服。取地之财而节用之，抚教万民而利诲之，历日月而迎送之，明鬼神而敬事之"，从而"溉执中而遍天下"。这些帝王无一例外地按季节安排农事，修正历法，关心农业生产的各方面，把百姓的生计放在首位。

家喻户晓的尧舜更是如此，帝尧不仅"乃命羲、和，敬顺昊天，数法日月星辰，敬授民时"，而且想方设法物色治水的人才；帝舜在即位前不仅"耕历山，渔雷泽，陶河滨，作什器于寿丘，就时于负夏"，而且"入于大麓，烈风雷雨不迷"，具备了部落联盟首领引导民众生产生活的素质。《老子》第三十九章说"是以侯王自谓孤、寡、不穀，此其以贱为本耶"，第七十八章说"受国之垢，是谓社稷主；受国不祥，是谓天下王"，似乎说明作为王者是十分辛苦的。汉武帝说"日月星辰和四时"，指的就是这些。

　　骖驾驷马从梁来。（梁王）

刘武是汉景帝刘启同母弟,母亲为窦太后。前168年,刘武从淮阳王徙封为梁王。梁国都城睢阳(今河南商丘市睢阳区),拥有大县四十余,据膏腴之地。七国之乱时,刘武率兵抵御吴楚联军,死守梁都睢阳,拱卫了国都长安,功劳极大,后仗窦太后的宠爱,欲继汉景帝之位,未果病死,谥号"孝王",葬于芒砀山。《史记·梁孝王世家》记载:"孝王未死时,财以巨万计,不可胜数。及死,藏府余黄金尚四十余万斤,他财物称是。"刘武生前大治宫室,扩睢阳城七十余里,建梁园三百多里。他还喜爱文学,广结天下贤士,司马相如、枚乘、邹阳等大辞赋家均为其座上宾。

刘武病逝于前144年,当时汉武帝还没有登基,所以柏梁台对诗的梁王肯定不会是梁孝王刘武。他死后梁国一分为五,为其五子的封国,儿子刘买是梁共王,孙子刘襄是梁平王。自梁孝王开始,他的子孙数代都长眠于芒砀山,考古工作者在芒砀山一带已经发现西汉梁国王室地宫二十二座。这一陵墓群规模宏大,全国罕见,结构也非常复杂。

东汉末年,天下大乱,《三国志·魏书·袁绍传》中引《魏氏春秋》载《为袁绍檄豫州》说:"又梁孝王,先帝母弟,坟陵尊显,松柏桑梓,犹宜恭肃,而操率将校吏士亲临发掘,破棺裸尸,略取金宝。至令圣朝流涕,士民伤怀。又署发丘中郎将、摸金校尉,所过隳突,无骸不露。"曹操居然专门设置了发丘中郎将、摸金校尉等官职，盗掘梁孝王陵弥补军饷，的确煞费心机。当然，这是袁绍等人骂曹操的檄文，其中有夸大的因素。曹操公然为此设置官职，大张旗鼓地盗墓，似乎有违常理，很多历史学家对此存疑。20世纪80年代，考古学家在汉梁孝王墓里发掘出了大量珍贵文物，其中还有金缕玉衣。这说明梁孝王墓并没有大规模被盗，陈琳檄文之中的表述系捏造的谩骂之词。

郡国士马羽林材。（大司马）

《周礼·夏官》记载有大司马，掌军政。汉朝承秦制，置丞相、御史大夫、太尉。汉武帝于建元二年（前139年）罢太尉，元狩四年（前119年）始置大司马，以大将军卫青、骠骑将军霍去病功多，特加号大司马。西汉一朝，常以大司马授掌权的外戚，多与大将军、骠骑将军、车骑将军等联称。大司马掌管天下郡国的兵马，还有皇帝的精锐羽林军。汉武帝时，在守卫宫城的南军中新设两支天子侍卫禁兵，一支是建章营骑，另一支是期门骑，后来改称羽林、虎贲。两支部队皆以中郎将为最高长官。建章营骑，顾名思义就是守卫建章宫的，后更名羽林骑，是"为国羽翼，如林之盛"的意思。汉武帝又从为国阵亡将士的子弟中，选拔精锐，组成了一支叫羽林孤儿的军队。

总领天下诚难治。（丞相石庆）

石庆是汉武帝时期的丞相，持重谨慎，年少时便十分忠厚老实。石庆做管理车马的太仆时，为皇帝驾车外出，皇帝问他驾车的马有几匹。天子之马六匹，一看就知道。可是石庆还是用马鞭一一点数马匹，明确"一、二、三、四、五、六"后，才跟皇帝说："六匹。"其谨慎至此。元封四年（前107年），关东地区遭灾，出现了两百万流民，他请求辞职。天子看过奏章以后，回复说："粮仓已经空虚，贫苦的百姓已经流散，而丞相却想请求朝廷迁移他们，给国家造成动荡、危害之后，丞相你辞去职位，想要把国家的危难推给谁呢？"石庆受到天子的责备，十分惭愧，又重新开始处理政事。石庆在职九年，没有发表过什么匡正时弊的言论。好不容易有一次，他打算请求惩办天子近臣所忠、咸宣（卫青提拔的酷吏），结果不但没能让他们服罪，反而因此受责罚，后来只能自己出钱赎罪。天下的确难治啊！

和抚四夷不易哉。（大将军卫青）

卫青是汉武帝皇后卫子夫之弟、大司马骠骑将军霍去病之舅。卫青一生七次出击匈奴，收取河南地（秦汉时指河套地区黄河以南部分，包括今宁夏平原），在汉武帝时期的汉匈战争中功勋卓著。打仗不是长久之计，和抚才是常态。让匈奴心服口服，谈何容易？

刀笔之吏臣执之。（御史大夫兒宽）

兒宽，因精通经学和历法，且善文辞，为汉武帝所赏识，擢升左内史。汉武帝元封元年（前110年），兒宽升任御史大夫，随武帝东封泰山。汉武帝太初元年（前104年），兒宽奉诏与司马迁、公孙卿、壶遂等主持修改历法，经过精心推算，制定出新历法——《太初历》。

汉武帝重用之人，很多是善于施用严法酷刑的酷吏。兒宽为人温良清廉，擅长文学，不善于动武。有一次，他到廷尉府送材料，正值廷尉府有疑案奏报，已被驳回两次，主管奏报的人不知如何是好。兒宽知道了，便为他重新写了奏章。写完后，读给大家听，众人都表示佩服，并禀告了廷尉张汤。张汤惊讶于兒宽的才能，亲自召见他谈话，大感惊异。兒宽写的奏章递上去后，即刻得到汉武帝的批复。之后，汉武帝问张汤："上次的奏章不是一般俗吏能写出来的，是谁写的？"张汤说："是兒宽所写。"汉武帝说："我早就听说过此人。"于是张汤提拔兒宽为奏谳掾（专门起草奏章的官）。所以，兒宽说自己是刀笔吏。古人用竹片或木片书写记录时，如有错讹，即以刀削之，故古时的读书人及政客常常随身带着刀和笔,以便随时修改错误。因刀笔并用,文职官员也被称作"刀笔吏"。[①]这种形象在汉代画像砖里经常出现。

　　撞钟伐鼓声中诗。(太常周建德)

周建德是西汉开国名臣太尉周勃的孙子、平曲侯周坚的儿子。武帝时,周建德曾任太常。元鼎五年(前112年),因献金成色不好、分量不足,他被免去官爵。太常是朝廷掌宗庙礼仪之官,位列汉朝九卿之首,地位十分崇高,兼管文化教育,也统辖博士和太学。他是在撞钟打鼓过程中写的诗。

　　宗室广大日益滋。(宗正刘安国)

宗正在秦代就有设置,汉承秦制,为九卿之一。汉平帝元始四年(4年),宗正改称宗伯,新莽时职能并入秩宗,东汉时又改回宗正。宗正皆由皇族担任,职务是掌握皇族的名籍簿,明确皇

---

① 《战国策·秦策五》中司空马言:"臣少为秦刀笔,以官长而守小官,未尝为兵首。"《史记·萧相国世家》中司马迁评价说:"萧相国何于秦时为刀笔吏,录录未有奇节。"《史记·汲黯列传》中汲黯骂张汤言:"天下谓刀笔吏不可以为公卿,果然。"《史记·酷吏列传》中张汤上书谢罪说:"汤无尺寸功,起刀笔吏,陛下幸致为三公,无以塞责。"

族的嫡庶身份以及与皇帝在血缘上的亲疏关系。汉代有八议制度，宗室亲贵有罪，要先向宗正申述，宗正再上报皇帝，而后可得到从轻处置；皇亲国戚犯法，宗正可参与审理，如西汉时衡山王、江都王等有罪，皇帝曾派宗正和其他官员一起处理这些案件。宗正是主管皇族的，所以他知道"宗室广大"，贵族繁多。《汉书·百官公卿表》记载："（元鼎四年）宗正刘安国，（为）大农令客。"

周卫交戟禁不时。（卫尉路博德）

卫尉，始于秦，为九卿之一，汉朝沿袭，为统率卫士守卫宫禁之官。《史记·南越尉佗列传》记载："元鼎四年，汉使安国少季往谕王、王太后以入朝，比内诸侯；令辩士谏大夫终军等宣其辞，勇士魏臣等辅其缺，卫尉路博德将兵屯桂阳，待使者。"路博德平定了南越国，南越的国土遂分为南海、苍梧、郁林、合浦、交趾、九真、日南、珠崖、儋耳九郡。"交戟"是指宫廷卫士执戟相交，以示警戒。古代帝王外出，在止宿处插戟为门，称为戟门。也有豪门于门前立戟，显示排场。

总领从官柏梁台。（光禄勋徐自为）

光禄勋，九卿之一，负责守卫宫殿门户，后逐渐演变为总领官内事务,所以说"总领从官柏梁台"。秦称郎中令,汉初沿用此名,汉武帝太初元年(前104年)改名光禄勋。徐自为,西汉名将,元鼎六年(前111年),与李息率十万大军,兵分两路夹击羌人。太初三年(前102年),徐自为担任光禄勋,在五原郡以外兴筑长城,称为光禄塞。

平理请谳决嫌疑。(廷尉杜周)

廷尉,九卿之一,最高司法审判机构长官,主管诏狱和修订律令的有关事宜,故曰"平理请谳决嫌疑",谳指审判定罪。杜周是有名的酷吏,字长孺,南阳郡杜衍县(今河南南阳西南)人,杜延年的父亲。他是南阳郡吏出身,精明能干,外宽内狠,被人推荐给张汤,后来升廷尉。"其治大抵放(仿)张汤而善候伺",他努力揣摩汉武帝的心思,"上所欲挤者,因而陷之;上所欲释,久系待问而微见其冤状"。有人批评他:"君为天下决平,不循三尺法,专以人主意指为狱,狱者固如是乎?"他回答:"三尺安出哉!前主所是,著为律;后主所是,疏为令,当时为是,何古之法乎!"即以皇帝意旨取代法律。武帝赏识他的做法,任命他为御史大夫,位列三公。

修饬舆马待驾来。(太仆公孙贺)

太仆，见于《周礼》，秦汉沿之，为九卿之一，掌管君王的车马。公孙贺，字子叔，北地义渠（今甘肃庆阳西南）人，西汉名臣。汉景帝前元七年（前150年）胶东王刘彻被立为太子，公孙贺被选为太子舍人。景帝后元三年（前141年），汉武帝即位，公孙贺任太仆。后来公孙贺以太仆之职出任轻车将军、骑将军、左将军，七次出击匈奴。太初二年（前103年），公孙贺代石庆为丞相，"顿首涕泣"。征和二年（前91年），公孙贺因巫蛊之祸死于狱中。

郡国吏功差次之。（大鸿胪壶充国）

大鸿胪，为九卿之一，掌管诸侯及藩属国事务。秦及汉初本名典客，汉景帝中元六年（前144年）改名大行令，汉武帝太初元年（前104年）改名大鸿胪。壶充国在武帝太初年间任大鸿胪卿。他曾以副使身份随司马相如出使邛、莋等西南地区，后又与校尉王申生从贰师将军李广利伐大宛（大宛是古西域国名，在今中亚费尔干纳盆地）。

乘舆御物主治之。（少府王温舒）

少府，为九卿之一，掌管税收，同时管理皇室私财和生活事务。战国时已有少府，秦汉沿之。王温舒是汉武帝时著名酷吏，历任河内太守、中尉、少府、右内史等职，杀人如麻。后因被告贪赃受贿，王温舒畏罪自杀。

陈粟万石扬以箕。（大司农张成）

大司农是管理国家钱谷的官职，为九卿之一。秦时设治粟内史，汉初沿之。汉景帝时改治粟内史为大农令，汉武帝太初元年（前104年）又改为大司农。"陈粟万石扬以箕"，是说大司农职掌农事。张成曾为大农令。汉武帝元鼎六年（前111年），东越王馀善反，朝廷派张成等率军抵抗，结果张成不敢击寇，以畏懦被诛。

徼道宫下随讨治。（执金吾中尉豹）

执金吾是保卫京城的官员，汉武帝太初元年（前104年）由中尉更名而来，其所属兵卒也称北军。执金吾的地位很高，和掌南军守卫宫禁的卫尉互为表里，据传汉光武帝在民间时曾说"仕宦当作执金吾，娶妻当得阴丽华"。执金吾和中尉是同一官名的不同表述，"豹"指的是谁，今不知。

三辅盗贼天下危。（左冯翊盛宣）

秦代以内史掌治京师，到汉景帝时分为左、右内史。汉武帝太初元年（前104年）将左内史更名为左冯翊，其治所在长安，相当于郡太守。三辅指汉代治理长安京畿地区的三位官员（京兆尹、左冯翊、右扶风），又指其管辖的地区。

有学者指出，盛宣似应为咸宣。《汉书·百官公卿表》及《汉书·酷吏传》作咸宣，《史记·酷吏列传》作减宣。咸宣，河东杨县（今山西洪洞东南）人。他初为河东佐史，办事干练，迁御史及御史中丞，滥杀无辜；后为左内史，事必躬亲，用法苛重；继为右扶风，因为追捕属吏，命人翻过护栏进入上林苑，击杀时还射中了上林苑门，被认为大逆不道，被判灭族，自杀。他曾作"沈（沉）命法"："群盗起不发觉，发觉而弗捕满品者，二千石以下至小吏主者皆死。"于是"其后小吏畏诛，虽有盗弗敢发，恐不能得，坐课累府，府亦使不言。故盗贼浸多，上下相为匿，以避文法焉"。但咸宣为右扶风，非左冯翊。

盗阻南山为民灾。（右扶风李成信）

秦代有主爵中尉，汉景帝中元六年（前144年）更名为主爵都尉，武帝太初元年（前104年）更名为右扶风，取扶助风化之意，相当于郡太守，其治所在长安，因地属畿辅不称郡，为三辅之一。《汉书·百官公卿表》元鼎四年（前113年）有"右内史李信成",右内史在太初元年改为京兆尹,诗里的"李成信"是"李信成"之误,且应该是京兆尹。

  外家公主不可治。(京兆尹)

  汉武帝太初元年改右内史为京兆尹,分原右内史东半部为其辖区,相当于郡太守,其治所亦在长安。这里说"外家"和"公主"管不了,是因为朝廷另有一套系统处置皇族事务。

  椒房率更领其材。(詹事陈掌)

  詹事,《汉书·百官公卿表》颜师古注引应劭:"詹,省也,给也。"詹事即给事,掌皇后、太子家中之事。秦汉相沿,皇后及太子之官属均有詹事。椒房殿属未央宫建筑群,是皇后所居,因宫殿的墙壁用花椒粉末和泥粉刷而得名。

  蛮夷朝贺常舍其。(典属国)

  典属国是负责属国的官员,掌管与少数民族交往事务,多以熟悉边事的人充任此职。汉武帝元狩三年(前120年)增设属国都尉负责管理归附的外族。"舍其"或为"会期"之误。

柱枅橧栌相枝持。（大匠）

秦置将作少府，汉景帝时改称将作大匠，掌管宫室、宗庙、陵寝建筑土木营建。"枅"为柱上方木。"橧栌"也作"橧卢"，是宫殿柱子上支撑栋梁的构件，即后代说的斗拱。枝持，即支持。

枇杷橘栗桃李梅。（太官令）

太官令一作大官令，秦置，为少府属官，掌宫廷膳食、酒果等。太官令不会作诗，只好凑合果名七字。

走狗逐兔张罘罳。（上林令）

上林令是管理上林苑的，而上林苑是皇帝的猎场，"走狗逐兔"是他的本职。罘罳是宫廷中用的一种金属网，防止鸟类破坏建筑，也写作罳罘。

啮妃女唇甘如饴。（郭舍人）
迫窘诘屈几穷哉。（东方朔）

郭舍人是汉武帝的倡优，东方朔是汉武帝的侍从，此二人都以滑稽著名,故以诙谐的诗句结束。郭舍人说:"我咬侍女的嘴唇,甜得像饴糖一样。"这样的淫词浪语,当着皇帝和一干臣僚说出,众目睽睽,毫不避讳,令后人瞠目结舌。明代王世贞的《艺苑卮言》说:"郭舍人'啮妃女唇甘如饴',淫亵无人臣礼,而亦不闻罚治,何也?"这可能是在非常宽松的环境下说的,而且汉魏的社会风气相对自由,和宋明以后很不相同。况且这样的话是从汉武帝宠信的倡优口中说出,并非朝臣,也可以理解。东方朔接着郭舍人说:"我作不出七言诗,窘得简直没有办法了。"能想见东方朔这句之后,满朝文武一定哄笑。

这诗作于汉武帝元封三年(前108年),但其中很多官职,如大鸿胪、大司农、执金吾、京兆尹等,都是武帝太初元年(前104年)所置。梁孝王刘武,是汉文帝的儿子,元封三年时已去世,自然不能"从梁来"。这些都是疑点,因此有人以为此诗是伪作,但此诗见于《三秦记》,即使是后人伪作,时代也相当早。

文字中的汉武盛世

有学者指出,《柏梁台诗》中官名后的人名,是宋以后学者的加注,理由是宋代之前的文献引《柏梁台诗》不管是全引还是引其散句,都只见官名而不见人名。人名是《古文苑》注者章樵所增,是据《汉书》之《百官公卿表》及《霍去病传》添加的,而章樵添加人名并不十分认真，因此造成了一些错误。①

汉武帝元封三年（前108年），汉武帝已经四十九岁。柏梁台尚在，建章宫还未营建。汉武帝柏梁台作联句诗，其故事背景见于《三辅黄图·台榭》，称此诗为联句体见于刘勰《文心雕龙·明诗》，此联句诗内容见于《三秦记》等书。清代以前的学者不仅以此联句诗为我国七言诗的源头，还认为由此创立的柏梁诗体是联句诗体的鼻祖。更有学者认为，从情理来看它就不伪，汉武帝中年时候不仅有这个气派，也具备这样的文学条件。曹丕的《燕歌行》与之相比，笔下的趣味要暗淡一些。

既然是追溯，后世人们心中就有个汉武盛世的理想国。中年汉武帝的排场和他的心境，与《柏梁台诗》有着共通之处。

这不禁让人联想到汉代洋洋洒洒的文体大赋，多用问答体，韵文、散文夹杂，四言、六言为主，五言、七言或更长的句子兼备。汉赋喜堆砌词语，好用难奇古字，极尽铺陈排比之能事，表现皇家的气象，还委婉地对统治者进行了规劝讽谏。西汉时的贾谊、枚乘、司马相如、扬雄，东汉时的班固、张衡，都才华横溢，以华丽气派的大赋著称。

汉武帝曾无意中看到了《子虚赋》，非常喜欢，感叹"朕独不得与此人同时哉？"皇帝以为是古代大贤所作文章，叹息不

---

① 王晖：《柏梁台诗真伪考辨》，《文学遗产》2006年第1期。

能与作者相见。没想到侍奉身旁的狗监杨得意却说："臣邑人司马相如自言为此赋！"皇帝马上命人召司马相如觐见，让他做了身边的郎官。

《子虚赋》是司马相如早期游梁时的赋作，写的是楚国的子虚先生向乌有先生讲述他出使齐国、随齐王出猎的情形。齐王问："楚亦有平原广泽游猎之地饶乐若此者乎？楚王之猎孰与寡人乎？"于是子虚极力铺排楚国之广大，物产之丰饶，偌大的云梦不过是其苑囿之小小一角。乌有听了子虚的讲述后，不服气，遂以齐国之大海名山、异方殊类回应子虚。赋文用夸张的辞藻，表现了汉诸侯国的声势和气魄。

但结合《汉书》中对梁孝王奢靡生活的记载，司马相如似乎是借楚事以讽梁王，所以它和枚乘的《七发》一样属于藩国文学。

汉武帝看到《子虚赋》，觉得司马相如应该为己所用，故此把司马相如召来做郎官。此时朝廷已解决尾大不掉的诸侯王隐患，处于政治的大一统时期，司马相如从梁王的文学侍从转为汉武帝的文学侍从，服务于皇家。奉汉武帝之命，他创作了《子虚赋》的姊妹篇《上林赋》，还是从子虚、乌有二人之论写起，引出了天子的上林苑，夸饰上林苑的水势、草木、走兽、台观、猿类以及天子的猎后庆功，最后写天子悔过，趁此机会显示了自己的才华和思想。大赋和《柏梁台诗》一样，都是壮大皇家的声势，显露皇室的腔调和品味。柏梁台更是早已消失于历史之中，遗迹难寻。历史留下来的只有一首《柏梁台诗》，带着汉家的气势和韵味，诉说着汉武帝的气魄与雄心。

《史记·孝武本纪》正义引《汉武故事》言："起柏梁台以处神君，长陵女子也。先是嫁为人妻，生一男，数岁死，女子悼痛之，岁中亦死，而灵，宛若（按，宛若为女子名）祠之，遂闻言宛若为生（按，即显灵于宛若身上），民人多往请福，说家人小事有验。平原君亦事之，至后子孙尊贵。及上即位，太后延于宫中祭之，闻其言，不见其人。至是神君求出乃，营柏梁台舍之。初，霍去病微时，自祷神君，及见其形，自修饰，欲与去病交接，去病不肯，谓神君曰：'吾以神君精絜，故斋戒祈福，今欲淫，此非也。'自绝不复往。神君惭之，乃去也。"可见此建筑与武帝之求神仙有关，"神君"故事还附会一些亦真亦幻的传说，很大程度上是因为柏梁台名头太大所致。

《柏梁台诗》创作四年后，随着一场突如其来的大火，柏梁台上的殿宇灰飞烟灭，唯余高台独耸。这一场大火烧掉了柏梁台上的宏伟建筑，却使一个宏大壮丽的巨制——建章宫有机会横空出世，势压未央。大火给了中年汉武帝大展鸿猷的机会，一个藏在他心中许久的梦想得以实现。

没有柏梁台的毁灭，可能就不会有后来建章宫的拔地而起。汉武帝中年以后的荣耀与危机、清醒与迷幻、罪孽与救赎，随着建章宫的雄起而在历史舞台上上演了。

第二章

建章：追忆昔日的金戈铁马

唐代大诗人王维有一首《奉和杨驸马六郎秋夜即事》：

高楼月似霜，秋夜郁金堂。
对坐弹卢女，同看舞凤凰。
少儿多送酒，小玉更焚香。
结束平阳骑，明朝入建章。

王维出入上层社会，周围有不少达官显贵。根据正史记载，唐玄宗有二十九女，驸马中姓杨的一共六人，"杨驸马六郎"说不好是哪个。王维和这个杨驸马，在丝竹管弦弥漫的郁金堂上，欣赏着歌儿舞女的声色，她们身着华服，犹如凤凰一般。"少儿多送酒，小玉更焚香。结束平阳骑，明朝入建章。"这四句说的是汉代宫廷的故事。

这里的建章是地名，应该并不是后来和未央宫同等富丽堂皇的建章宫，因为建章宫的大规模修建是在太初元年（前104年）。但是从文献推测，建章此地存在一些早期建筑。

自古三晋出悍将。"结束平阳骑，明朝入建章"，这给人们尤其是士大夫的精神生活带来了积极的影响。我们知道，汉武帝时期出击匈奴的大英雄卫青、霍去病，开创了不世之功，他们也和著名的建章有关。

结束平阳骑，明朝入建章

据《史记》《汉书》记载，卫青的母亲被称为卫媪，是平阳侯家仆。卫媪长女是卫君孺，次女是卫少儿，小女儿是卫子夫。后来卫媪与来平阳侯家中做事的县吏郑季私通，生了卫青。因为卫媪生活艰苦，卫青被送到生父郑季的家里。但郑季却让卫青放羊，郑家的儿子也没把卫青当成兄弟，而是将其当成奴仆、畜生一样对待。卫青稍大一点后，不愿再受郑家奴役，便回到母亲身边，做了平阳公主家的骑奴，这说明做骑奴比在郑家的处境还好些。这是一个改变命运的选择。

建元二年（前139年）春，卫青的三姐卫子夫被做客平阳府的汉武帝看中，选入宫中，后来有了身孕，引起了陈皇后——"金屋藏娇"故事中陈阿娇的嫉妒。陈阿娇的母亲馆陶长公主大发雷霆。《史记·卫将军骠骑列传》记载：

> 大长公主闻卫子夫幸，有身，妒之，乃使人捕青。青时给事建章，未知名。大长公主执囚青，欲杀之。

馆陶长公主派人捉了正在建章当差的卫青，意图杀害。这里的建章应该是地名，因为当时汉武帝还没有大规模修建建章宫。建章是汉武帝及其亲信活动的地带。汉武帝日后的建章宫，就是在此处修建的。

同僚公孙敖听到消息后率人赶去救下了卫青。汉武帝得知此事，大为愤怒，用行动表示了对岳母馆陶长公主的不满。《史记·卫将军骠骑列传》记载：

> 上闻，乃召青为建章监，侍中，及同母昆弟贵，赏赐数日间累千金。

你不是要加害卫青吗？我立刻任命卫青为建章监、侍中，封卫子夫为夫人，卫长君（卫子夫、卫青的兄长）为侍中。你不是嫌弃卫家人出身寒微吗？我就让他们尊贵。我是天子，你能奈我何？

汉武帝数日间连续赏赐卫青，多达千金。后来，卫君孺嫁给了太仆公孙贺，卫少儿嫁给了陈平的后人詹事陈掌。救下卫青的公孙敖也因此显贵。卫青后被任命为太中大夫，俸禄千石，

明代彩绘钞本《御制外戚事鉴》中的卫青形象

作为武帝的亲随参与朝政，掌管议论。

古代皇帝为加强自己的权力，会选用一些亲信侍从组成宫中的决策班子，称为内朝。内、外是相对皇帝居住的宫禁而言的。内朝官员享有较大的出入宫禁的自由，这些人出身低微，但是听话，对皇上感恩戴德，可以随侍皇帝左右；对皇权面折廷争的外朝官员则无此特权。

司马迁笔下，汉武帝接见卫青时的表现，令人瞠目："大将军青侍中，上踞厕而视之。"

皇帝"踞厕而视"卫青的场景，或说在厕所，或说在床边。《史记·汲郑列传》又言，"丞相弘燕见，上或时不冠。至如黯见，上不冠不见也。"汉武帝接见公孙弘、汲黯时，都有君臣礼仪，尤其对后者更为郑重。"上踞厕而视之"，说明汉武帝不把卫青当外人。内朝不少人本是奴仆，皇帝面对他们自然没有拘束，貌"卑"实"尊"。

建章之地话天下

建元三年（前138年）到元光六年（前129年）近十年间，卫青作为建章监和侍中，跟随皇帝左右，得以听闻朝政，后又成为太中大夫，足见其才干深得武帝赏识，也能看出汉代社会阶层具有一定的流动性。一个踌躇满志的皇帝，不仅要选择自己喜欢的、没有政治牵绊的女人，更要选择忠于自己、能为自己的功业披肝沥胆的心腹。建章宫此时虽未就，但建章之地已经云集了卫青这样一批少壮派力量，可以想见此时的建章之地建筑已初具规模。这十年中，发生了许多影响后世的大事，我们完全可以推断，皇帝曾和这群少壮派骨干力量在建章进行过深入的谋划，而卫青可能是其中一个重要的角色。

刘彻十六岁时继父位成为皇帝，即位后即任命信奉儒学的窦婴为丞相，安排其舅父田蚡为太尉主持兵政，任命他当太子时的两位老师赵绾为御史大夫、王臧为郎中令。汉武帝改革的主要内容，正是文帝前元元年（前179年）贾谊向汉文帝建议的内容，即"改正朔，易服色，定官名，兴礼乐，以立汉制，更秦法"，用儒家的精神建立新的历法与名物制度，跟秦朝有所区分。由于国力有限，汉文帝不敢进行这种改革，而年轻的刘彻则决心大刀阔斧地实施。

制度改革，最终的目的是规范和限制诸侯及权贵无礼无法的乱妄之行，加强国家的权力，以便对外御侮；方式则是变更汉初以来无为而治的黄老政策。改革涉及当时政治制度的核心内容，即权力与资源的重新分配，从而引起既得利益集团的强烈反对。先发作的就是窦太后。"窦太后治黄老言，不好儒术"，对王臧等人怎么看怎么别扭。赵绾、王臧这两人让皇上不要事事请示太后，窦太后大怒，她派人偷偷地找证据，搜罗赵绾等人的"奸利"之事，光明正大地把赵绾、王臧下大狱，后赵绾、王臧自杀，"诸所兴为者皆废"，这就是昙花一现的"建元新政"。紧接着，窦太后又提拔了信奉黄老的许昌、庄青翟等人。

新政挫败，刘彻开始韬光养晦。直到六年后，窦太后崩，武帝才征召文学之士公孙弘等。我们能看出，卫青作为建章监和侍中出现，是武帝下的一步棋。因为武帝安排在外朝的丞相等彻底被打压了，他只能积聚力量，以图东山再起。这时候在建章侍奉皇帝的卫青等人，地位寒微不起眼，太后也不会在意，也许汉武帝本人都想不到，日后这些不起眼的人会产生怎样的作用。

"夫未战而庙算胜者，得算多也；未战而庙算不胜者，得算少也。"（《孙子兵法·始计》）这是理性人的共识。然而能庙算的内容毕竟有限，世界的复杂性大大出乎了人们的想象，影响历史结果的除了可控的必然因素，还有大量不可控的偶然因素。下棋的人都懂得，落子前要深思熟虑。谁想得多、想得远，谁就可能占上风。故此，高手每一次落子，貌似波澜不惊，不伤全局，但都经过精心布局，待时机成熟，便可能获得出人意料的结果，民间谓"下冷子""烧冷灶"。这种策略依靠决策者的预判力、应变力和胆识。汉武帝就是下这盘大棋的人，他的闲棋冷子又何止一两个？

戎马生涯战匈奴

建元四年（前137年），汉武帝扩修上林苑。上林苑面积非常大，包罗万象，兼植物园、动物园于一体。自秦朝以来，上林苑一直都是皇家的后花园和游猎之地。汉初，因为年久失修，上林苑日渐荒芜，成了一片杂草乱木纵横之地。丞相萧何打着为百姓谋福祉的旗号给刘邦上书，说长安人多地窄，上林苑剩余诸多空地，实在可惜，可以把它分给小民种田。这样，不但百姓收获了粮食，皇家也可以得到稻草当兽食。不料刘邦以为他拿了商人的贿赂，萧何因此栽了个跟头，身陷囹圄，差点丢了老命。直到汉武帝时才又在上林苑中营造皇家苑囿，从司马相如的《上林赋》中可见其奢华。

上林苑亦是汉武帝时的演武之地，此处有皇帝的亲兵羽林军，由卫青统领。

建元六年（前135年），窦太后病死，二十二岁的刘彻正式执政。武帝在建元五年（前136年）窦太后病危之际"置五经博士"，在窦太后"崩"后，终于完全掌权。卫青等人崭露头角的机会来了。

元光二年（前133年）六月，武帝听从大臣王恢建议，安排马邑（今山西朔州）人聂壹诈降，诱使匈奴前来，同时命韩安国、李广等率兵三十余万在马邑伏击匈奴。但单于行至武州塞（今山西左云至大同西一带）时发觉异样，又俘获雁门尉史，获知伏兵所在，于是率军撤退。汉兵追之不及，罢兵。将军王恢首倡伏兵之计，又不战而回，被武帝斥责下狱，后自杀。此后匈奴"绝和亲""往往入盗于汉边"。卫青等人离上场只有一步之遥。

元光六年（前129年），匈奴又一次兴兵南下，前锋直指上谷（今北京北部、河北张家口一带）。汉武帝果断地任命卫青为车骑将军，迎击匈奴。从此，卫青不再是皇帝身边任建章监的内臣，开始了他的戎马生涯。这次用兵，汉武帝分派四路出击。车骑将军卫青直出上谷，骑将军公孙敖出代郡，轻车将军公孙贺出云中，骁骑将军李广出雁门。四路将领各率一万骑兵。卫青首次出征，但他英勇善战，直捣龙城（匈奴祭天的地方），斩首七百人，取得胜利。另外三路，有两路失败，有一路无功而还。汉武帝看到只有卫青凯旋，非常赏识，加封其为关内侯。

龙城之役在汉匈交战史上意义重大。汉朝自高祖刘邦建国以来，屡屡受到北方匈奴的掠夺羞辱。高祖有"白登七日"之困；吕后受冒顿单于书信之辱；汉文帝十四年（前166年）匈奴大入萧关，斥候一度略至长安附近的甘泉；匈奴频频对汉朝边郡和百姓烧杀劫掠。龙城的胜利打破了自汉初以来"匈奴不可战胜"的神话。十年间，卫青作为建章监和侍中，跟随皇帝左右，其意志、思想和战略谋划已经和皇帝形成默契，此时终于宝剑出鞘。

汉朝的反击，引起了匈奴大肆报复。元朔元年（前128年）秋，匈奴两万骑兵大举南下，杀死了辽西太守，劫掠百姓两千多人，又进入渔阳、雁门，在两地各杀掠千余人。守将韩安国病死后，汉武帝派李广镇守右北平。李广名闻天下，匈奴兵数年不敢入境。任命李广的同年，汉武帝派卫青率三万骑兵出雁门。卫青身先士卒，将士们也奋勇争先，匈奴大败而逃。这一年，卫子夫生下汉武帝长子刘据；三月，卫子夫被封为皇后。皇帝封后的目的非常明确：鼓舞卫青。

元朔二年（前127年），匈奴进攻上谷、渔阳。武帝派卫青率大军进攻久为匈奴盘踞的河南地。这是西汉对匈奴的一次大战役。汉军活捉敌兵数千人，夺取牲畜一百多万头，完全控制了河套地区。《史记》《汉书》盛赞此仗汉军"全甲兵而还"，卫青立有大功，被封为长平侯。因为这一带水草肥美，地势险要，卫青战胜匈奴后，汉武帝下令在此修筑了朔方城，设置朔方郡，从内地迁徙十万人到此定居，还修复了秦时蒙恬所筑的边塞和沿河的防御工事。这样，不但解除了匈奴骑兵对长安的直接威胁，也建立起了进一步反击匈奴的前方基地。

元朔五年（前124年），匈奴大举南下，漠南之战爆发。卫青利用匈奴右贤王傲慢轻敌、麻痹大意的弱点，乘夜奔袭，围追堵杀，又获大胜。战后，武帝遣使拜卫青为大将军。次年，

汉画像砖中的交战场景

卫青两次统领公孙敖等六将军出定襄，重创匈奴单于主力。元狩四年（前119年），卫青与外甥霍去病分兵北伐，在大漠遭遇单于主力，力战破敌，并追逐至寘颜山赵信城，烧其积粟而归。此战后，卫青因功加拜大司马大将军。元封五年（前106年），卫青病故，汉武帝赐其谥号"烈"。此时，汉武帝也已步入天命之年。

英雄何须问出处

更让人称奇的是，汉武帝刘彻将同母姐姐平阳公主许配给了"入建章"的卫青，卫青原来可是平阳公主的奴仆。在两千多年前的汉代社会，门第居然没有成为隔膜，逆袭和超越也不再是天方夜谭。

平阳公主生卒年不详，她是汉景帝刘启与皇后王娡的长女，与汉武帝刘彻一奶同胞。她初封阳信公主，后来嫁给相国曹参的曾孙平阳侯曹寿，故称平阳公主（这是一次典型的政治婚姻），生下一子叫曹襄。汉武帝即位后，平阳公主被尊为长公主。

曹寿去世早，平阳公主再嫁汝阴侯夏侯颇（那时候女子改嫁不是问题，但这次也是政治婚姻），不料平阳公主这回嫁的并非良人。夏侯颇是跟刘邦打天下的功臣夏侯婴的曾孙，两千多年后的1977年，人们在安徽阜阳发现了夏侯婴后代的墓地遗址，出土了大量珍贵汉简和器物。元鼎二年（前115年），夏侯颇和他父亲的御婢通奸事发，这丑事传出去还了得？思前想后，夏侯颇不敢承担罪责，只能畏罪自杀，因此他的封国也被朝廷撤销。这件事发生后，平阳公主有什么反应？史书对此没有记载，但我们可以想见她的愤怒与无助，直到她再嫁大司马卫青。

褚少孙补述《史记》时记录了一个细节：平阳公主寡居，要在列侯中选择丈夫，许多人都说大将军卫青合适，平阳公主笑着说："他过去是我的随从，怎么能做我的丈夫呢？"左右说："大将军已今非昔比，他的姐姐是皇后，他的三个儿子也都被封为侯爵，富贵震天下，哪还有比他更配得上您的呢？"汉武帝知道后，当即允婚。时迁事移，当年的仆人就这样迎娶了公主。

按《史记》记载，平阳公主嫁与卫青不是卫青官拜大将军时，而是元鼎二年（前115年）之后。① 此时不但漠北之战已经结束，霍去病也已不在人世，距卫青被封为大将军已经过了许久。褚少孙补述的故事应该是带有一定改编痕迹的传闻，但它表明，卫青前后身份的巨变，在汉代人那里被传为佳话。《史记·外戚世家》说："丈夫当时富贵，百恶灭除，光耀荣华，贫贱之时何足累之哉！"所谓英雄不问出处，即此。

---

① 《史记·樊郦滕灌列传》："元鼎二年，坐与父御婢奸罪，自杀，国除。"因此，平阳公主改嫁卫青定在元鼎二年后。

"结束平阳骑,明朝入建章"成为脍炙人口的诗句,鼓励踌躇满志的青年建功立业。在建章,汉武帝运筹帷幄,韬光养晦,把卫青当作日后发挥大作用的闲棋冷子。武帝这一招,出其不意,不拘一格,最终成就巨大功业。《史记·卫将军骠骑列传》载,卫青年少曾跟随别人来到甘泉宫,一名钳徒(囚徒)看到他的相貌后吃惊地说:"贵人也,官至封侯。"卫青笑了,觉得对方只是信口胡言,说:"人奴之生,得毋笞骂即足矣,安得封侯事乎!"这一故事可以说是"事后诸葛亮",应是当时人们看到卫青发迹以后的附会,不过后来就有了典故"钳徒论相"。真正决定卫青命运的,不是他的面相,而是他的贵人汉武帝。早在建元新政时期,受多重势力干预的汉武帝,就在一个不为人所重的地方,下着一盘大棋,搭建了汉王朝未来的四梁八柱,这是大手笔。

在卫青、霍去病死后,当年的运筹帷幄、金戈铁马已成过往,汉武帝把建章宫建在此,并且用了建章这个熟悉的名字,是中年追忆似水年华之举吧。

建章宫建起时,不论是汉武帝还是汉帝国,仿佛都正值巅峰之年,但昔日的建章旧人皆已不在。

此时汉匈之间可以说是麻秆打狼——两头怕。《汉书·李广苏建传》:"时汉连伐胡,数通使相窥观,匈奴留汉使郭吉、路充国等,前后十余辈。匈奴使来,汉亦留之以相当。"汉武帝的大敌伊稚斜单于死后,子乌维立,乌维死,子詹师庐立,詹师庐死,叔父呴犁湖立,呴犁湖死,且鞮侯立。十几年间,单于的宝座像走马灯一样转换,匈奴力量不振,只能避居漠北休养生息。《盐铁论·西域》说:"今匈奴牧于无穷之泽,东西南北,不可穷极,虽轻车利马,不能得也,况负重赢兵以求之乎?"意思是,现在的匈奴游牧于茫茫之境,东西南北,漫无边际,即使轻车快马都找不到他们,更何况带着辎重去找呢?汉朝这一方的损失也很大,《史记·匈奴列传》说:"会骠骑将军去病死,于是汉久不北击胡。"

后来到了太初二年(前103年),汉将赵破奴率军攻打匈奴,被匈奴所围,全军覆没。天汉二年(前99年),贰师将军李广利击匈奴右贤王于天山,歼匈奴万余人,但返回时为匈奴主力所围,损兵折将。天汉四年(前97年),李广利率领六万骑兵、七万步兵出朔方击匈奴单于,公孙敖率领一万骑兵、三万步兵出雁门击匈奴左贤王,出师不利。征和三年(前90年),李广利率军深入漠北,大败,投降匈奴。

李广利受皇帝之命伐匈奴的前夕,丞相刘屈氂与李广利合谋立李广利的外甥昌邑王刘髆为太子。后来谁也没想到巫蛊之祸后密谋泄露,刘屈氂被皇帝腰斩,李广利的妻子也卷入此案,身陷囹圄。李广利闻讯大惊失色,他怕遭祸,想出了再击匈奴

钳徒论相，近代马骀绘

取得胜利以赎罪的办法，希望汉武帝饶他不死。但事与愿违，李广利高估了自己的力量，惨败后他担心罪上加罪，只得投降匈奴。《汉书·匈奴传》记载："单于知汉军劳倦，自将五万骑遮击贰师，相杀伤甚众。夜堑汉军前，深数尺，从后急击之，军大乱败，贰师降。单于素知其汉大将贵臣，以女妻之，尊宠在卫律上。"李广利兵败投降后，单于知道他在汉时是身居高位的大将，便将女儿嫁给他，对他极为尊宠。

《孙子兵法·始计》言军事家须"校之以计而索其情，曰：主孰有道？将孰有能？天地孰得？法令孰行？兵众孰强？士卒孰练？赏罚孰明？"这样看，此时汉廷作战有很大赌的成分，距离"庙算"至上的原则越走越远，在棋盘上落子很没章法，已经不能与当年建章谋划相比了。其中原因非常复杂，"独夫之心，日益骄固"的因素不可否认。

"乃者贰师败，军士死略离散，悲痛常在朕心。今请远田轮台，欲起亭隧，是扰劳天下，非所以优民也，今朕不忍闻。"从中可见，这给汉武帝带来很大触动。巫蛊之祸后，汉廷元气大伤，朝廷连年对外用兵，再加上皇帝和臣僚们的挥霍，国库日渐空虚，黎民百姓不堪涂炭而发起反抗。内外交困之下，汉武帝不得不放弃对匈奴的攻击，致使匈奴又猖獗起来。这时的汉武帝身边再也没有卫青、霍去病这样的良将了，他自己也行将就木。此时，回忆起建章往事，武帝当作何感想？

第三章

天下：汉武时代的胸襟气魄

秦砖汉瓦享誉后世。事实上，秦砖汉瓦并非专指秦朝的砖、汉朝的瓦，而是指秦汉装饰的洋洋大观，拿这一时代的砖、瓦指代建筑遗迹。说到汉瓦，最为人所重视的是瓦当。

瓦当，指中国古代建筑中屋檐上筒瓦前端的遮挡物。屋檐这个部分容易被雨水侵蚀，所以先民想方设法保护它，并且加上了一些巧妙的纹饰。两汉时期，这种装饰美化和蔽护建筑物檐头的物件非常多。

"汉并天下"

汉代留下的众多文物中，有一件常被人们称道，那就是"汉并天下"瓦当。陶质的瓦当面上"汉并天下"四字凸起，表现出篆书的婀娜多姿。汉朝四百多年，此类瓦当到底是哪个皇帝在位时出现的呢？

"汉并天下"瓦当,古陶文明博物馆藏

过去,"汉并天下"瓦当确实曾被指认为汉初刘邦兼并天下时所制。陈胜起义后,刘邦集合三千子弟响应,攻占沛县,称沛公,投奔名将项梁;后率军进驻灞上,接受秦王子婴投降,废除秦朝苛法,约法三章;鸿门宴之后,受封为汉王,统治巴蜀及汉中一带。他知人善任,虚心纳谏,充分发挥部下的才能,积极整合反对项羽的力量,终于击杀西楚霸王项羽,赢得楚汉之争,统一天下。"汉并天下"瓦当,有学者认为就是为纪念刘邦战胜项羽、建立汉朝而制。

这个说法虽然有道理,但是由于当时资料较少,带有一定的推测性。随着资料的丰富与研究的深入,人们发现上述推测有问题。

考古发现的中国古代文字瓦当,最早出现于汉景帝时期,在汉武帝时期才大量应用。迄今为止,出土地点明确的"汉并天下"瓦当,多出自汉武帝时期的建章宫、甘泉宫和上林苑长杨宫。这表明,"汉并天下"分明是汉武帝喜欢的话,表现出这个富有四海的帝王气吞万里的雄心。过去说它属于刘邦时代的器物,似乎有些欠妥。

西汉时期是我国封建社会前期的鼎盛时期,汉武帝执政时期是西汉王朝最兴盛的时期。此时西汉帝国经济有较大发展,国库充实,文化繁荣,汉武帝在汉王朝都城长安进行大规模建设,故后世出土的制于这个时期的瓦当也多。

古语瓦当

瓦当上有文字和图案，属于中国特有的文化艺术遗产。瓦当纹饰经过精心的设计，主要由模印或者范制作出来，也有一些是刻画的。

在战国七雄争霸的时代，各国所用的瓦当具有浓厚的区域特色。虽然它们基本上都以图像为主，但每个地区的风格有很大差别。比如，山东临淄齐国故城出土的瓦当，就有清晰的树木双兽纹，而且是半瓦当；河北易县燕下都遗址出土的瓦当，有非常鲜明的饕餮纹，也是半瓦当；陕西凤翔秦都雍城遗址出土的瓦当，带有生动的动物纹，是圆瓦当。秦人的动物纹瓦当最为引人瞩目，秦代以后，云纹、葵纹瓦当很是流行。

进入汉代，瓦当的使用越来越多，也更具有艺术性。文字瓦当出现后，成为其中重要的门类。瓦当上的文字往往是艺术化的篆书汉字。上面的文字从一字到十几字不等，内容也很杂，包括官苑、官署、宅舍、吉语、纪事。文字变化多姿，刚柔、曲直、方圆、疏密、倚正兼济，浑然天成，被视为西汉书法之珍贵遗存。

自西汉中期以后，战国时五花八门的图像瓦当已不是主流，但青龙、白虎、朱雀、玄武"四神"瓦当出现在长安城中，堪称图像瓦当的巅峰之作。"四神"分别指代东、西、南、北四个方向。"四神"瓦当雍容华丽，精巧细致，艺术水准极高，成为泱泱汉风的典型符号。瓦当上的文字，也有非常好的历史价值，专家学者把它们当作判断古代建筑年代、位置的证据。如"京师仓当"提示了西汉京师粮仓的具体位置，"长陵东当""长陵西当"等瓦当也有地理含义。说瓦当是一个琳琅满目的大宝库，当不过分。

有人总结汉代文字瓦当的吉语，可谓洋洋大观。

千秋万岁类有"千秋""万岁""千秋万世""千秋万岁与天无极""千秋万岁与地无极""千秋万岁""千秋利君""千岁""千秋万世长乐未央""万岁富贵""千秋长安""千秋万岁常与天久长"等。

长乐未央类有"长生未央""长乐万世""克乐未央""万年未央""安世未央""富昌未央""永年未央"等。

延年益寿类有"延寿万岁""延寿万岁常与天久长""延寿长相思"等。

长生无极类有"与天无极""与天毋极""与华无极""无极""长生乐哉""长生吉利""常生无极"等。

富贵类有"富贵宜昌""方春富贵""并是富贵""日乐富昌""大富""千万富贵""高贾富贵"等。其中"高贾富贵"瓦当，文字围成一周，不分界格，用云纹隔开。

无疆类有"亿年无疆""永奉无疆"等。

此外，还有"长毋相忘""大吉五五""宜钱金当"等。

有人说，做人"越智慧，越简单"。这话形容瓦当文字也很合适。这些古语瓦当字形优美，内容言简意赅，其中寄寓着对生命的超越、对财富地位的追求，还有对爱情和亲情的渴望。它们充分反映了汉代人对美好生活的向往，尤其是对永恒的向往。

枚乘与董仲舒的"天下观"

古代典籍中，已经出现有"汉并天下"的类似说法。《汉书·枚乘传》曾说："夫汉并二十四郡，十七诸侯，方输错出，运行数千里不绝于道。"这是怎么一回事呢？

枚乘，字叔，淮阴（今江苏淮安市淮阴区）人，西汉时期辞赋家，与邹阳并称"邹枚"，与司马相如并称"枚马"，与贾谊并称"枚贾"，可见其地位之高。枚乘曾担任吴王刘濞的郎中（文学侍从，类似文字秘书）。刘濞是著名的野心家，手里有钱有兵，盘踞东南。在吴王怨恨朝廷而谋划叛乱时，枚乘上书劝谏，用长篇比喻的形式规劝刘濞审时度势，放弃造反的念头，但刘濞并未采纳。于是，枚乘离开吴国前往梁国，与梁王刘武交游。

等到汉景帝即位，御史大夫晁错为汉定制度，损削诸侯。吴王听到消息后，与六国谋反，举兵西向，打着诛晁错的名号，要清君侧。汉景帝听闻，迫于压力腰斩了晁错，以谢诸侯。晁错已死,诸侯们还有什么可说的?这时候,识时务的就该罢兵,哪儿来的回哪儿去,否则皇上就能名正言顺地出兵镇压。

此时枚乘复谏吴王,他一直在劝告吴王:别和大汉朝廷作对,现今汉占据秦全部土地,兼六国之众,修戎狄之义,四方仰慕,土地是秦的十倍而人口是秦的百倍,大王您心里清楚。现在有谗谀之臣给您出馊主意,不论骨肉之义、民之轻重、国之大小,此举将给吴国带来灾难。臣这是在为大王担心啊。吴兵和汉兵相比,如同蚊蝇贴在群牛身上,腐肉被利刃切。天子已经仁至义尽,听闻您率被削夺郡县的诸侯,打着高皇帝的旗号,反抗朝廷,他亲诛其三公晁错,以谢前过。这样大王之威加于天下,而功越于商汤王、周武王。您虽为诸侯,但实际上富于天子,虽地处偏远,但是待遇比中原好多了。汉并二十四郡,十七诸侯,各方给朝廷的贡品输送过来,运行数千里不绝于道,也比不过吴国的。您有琼楼玉宇,珠玉宝货,还有得天独厚的地理优势,谁比得了您!现在罢兵,您还有一半的希望免于灾祸,如果执迷不返,不要说朝廷您打不过,就是梁王刘武也不是吃素的。您好自为之吧!

枚乘在七国之乱前后两次劝谏刘濞,虽然他显名于世,可是吴王刘濞压根儿就不听,最后兵败身死,成了被人们嘲笑的野心家。

在《汉书·董仲舒传》中,董仲舒也说:"今陛下并有天下,海内莫不率服,广览兼听,极群下之知,尽天下之美,至德昭然,施于方外。夜郎、康居,殊方万里,说德归谊,此太平之致也。"这又是怎么回事呢?

董仲舒是广川人,年轻时研究《春秋》,汉景帝时为博士,成为皇帝的智囊。他在室内挂上帷幕,坐在帷幕后面讲学,弟子们先入学的对后入学的传授学业,有的学生竟然没有见过他。董仲舒三年不看园圃,精心钻研学问到如此程度。他不做不符合礼仪的行为,学士们都尊他为老师。

汉武帝继承帝位以后,任命的贤良文学之士先后达一百多位。董仲舒作为贤良回答皇帝的策问时,曾以"三代受命"(历史问题)、"灾异之变"(现实问题)、"性命之情"(人心人性问题)等为题,于对策中反复说明,天命的转移或政权的得失,都在于君主之有德或无德。董仲舒的理念得到武帝认可,故而名垂青史,成为后世敬仰的大儒。

他说,秦求名而不察实,行善的好人不一定能免罪,犯法的坏人也不一定就会受到惩罚;所以百官都谎言欺诈,犯罪被杀死的人一个接一个,但是做坏事的情况并没有停止,这是风俗教化所造成的。孔子曾说,用政法来教导人民,用刑罚来制裁人民,结果就是人民苟且地要求免受惩罚,却不知道羞耻。现在陛下统一了天下,四海之内没有不顺服的。您广泛观察,多方面听取,尽可能地汲取群臣的智慧,具备了崇高的德行,影响及于边远之地。远达万里的夜郎和康居悦服归心，真是太平到来的景象。但是恩德并没有施加到普通百姓身上，大概是您还没有注意到这个问题吧。希望陛下诚心诚意按那些道理去做，这样，跟三王就没有什么不同了。他建议汉武帝推行儒家的大有为之政，汉武帝采纳了。

以上的记载，都是刘邦身后的事情。"汉并天下"除了陈述事实，还有一种自信的语气，和汉朝富庶博大、八方向化、九土来王的风貌很合拍。西汉初年的高祖开国时期，有没有这样的口气，尚属疑问。刘邦虽然灭掉了项羽，也平息了异姓诸侯的叛乱，然而他晚景凄凉，讨伐英布之后荣归故里，《大风歌》中竟然在豪迈的"大风起兮云飞扬，威加海内兮归故乡"之后，加上"安得猛士兮守四方"一句，直戳软肋。似乎还没有强有力的证据能够证明在刘邦时代已大量使用"汉并天下"。

前文提到，汉高祖刘邦平定叛乱后回到长安，发现丞相萧何已下令营造了未央宫，且未央宫宏伟壮丽，异常奢华。刘邦勃然大怒，责问萧何。在听完萧何的解释后，刘邦转怒为喜。他意识到，此时的自己不再是沛县的亭长，不再是秦楚之际打打杀杀的亡命徒，而是贵有四海的开国君主。未央宫的规模，是新朝的排场，并不只是某个统治者的个人爱好。萧何出于王朝政治管理的长远考虑，实在是高明。萧何"无令后世有以加也"的想法，让刘邦非常自豪。

他的儿子汉文帝在位二十四年,没有建筑宫殿、苑囿,没有增加车骑、服御等出行的物品,处理政务如有不利于百姓之处,就立即废止。《汉书·景帝纪》的《赞》说:"汉兴,扫除烦苛,与民休息。至于孝文,加之以恭俭,孝景遵业,五六十载之间,至于移风易俗,黎民醇厚,周云成康,汉言文景,美矣!"据说西汉初年民生凋敝,"大侯不过万家,小者五六百户",到了文景时期,"流民既归,户口亦息,列侯大者至三四万户,小者自倍,富厚如之"。这些状况汉代人看在眼里,所以"周云成康,汉言文景"这一著名评价并不是空洞的溢美之词。

有一年,汉文帝打算建造露台,召集工匠计算费用。工匠计算的结果是需要耗费"百金",汉文帝说:"百金,中人十家之产也。吾奉先帝宫室,常恐羞之,何以台为!"(《汉书·文帝纪》)这话的意思是说,一百金,是中等人家十户的财产总和,我居住在先帝留下的华美宫殿,尚且感到羞愧,这露台还是不要修建了。但是文帝这样朴素的做法,后来被他的孙子汉武帝打破了。

汉武帝在未央宫北建桂宫,又增修北宫,还在长乐宫北建明光宫。太初元年(前104年),汉武帝在长安城西建规模宏大的建章宫。建章宫实际上是作为新的皇宫来修筑的,它的式样仿照未央宫,但规模较未央宫更大。至此,汉代长乐宫、未央宫和建章宫三大宫殿区均已完成。建章宫建成以后,汉武帝长

西汉长安宫城位置示意图

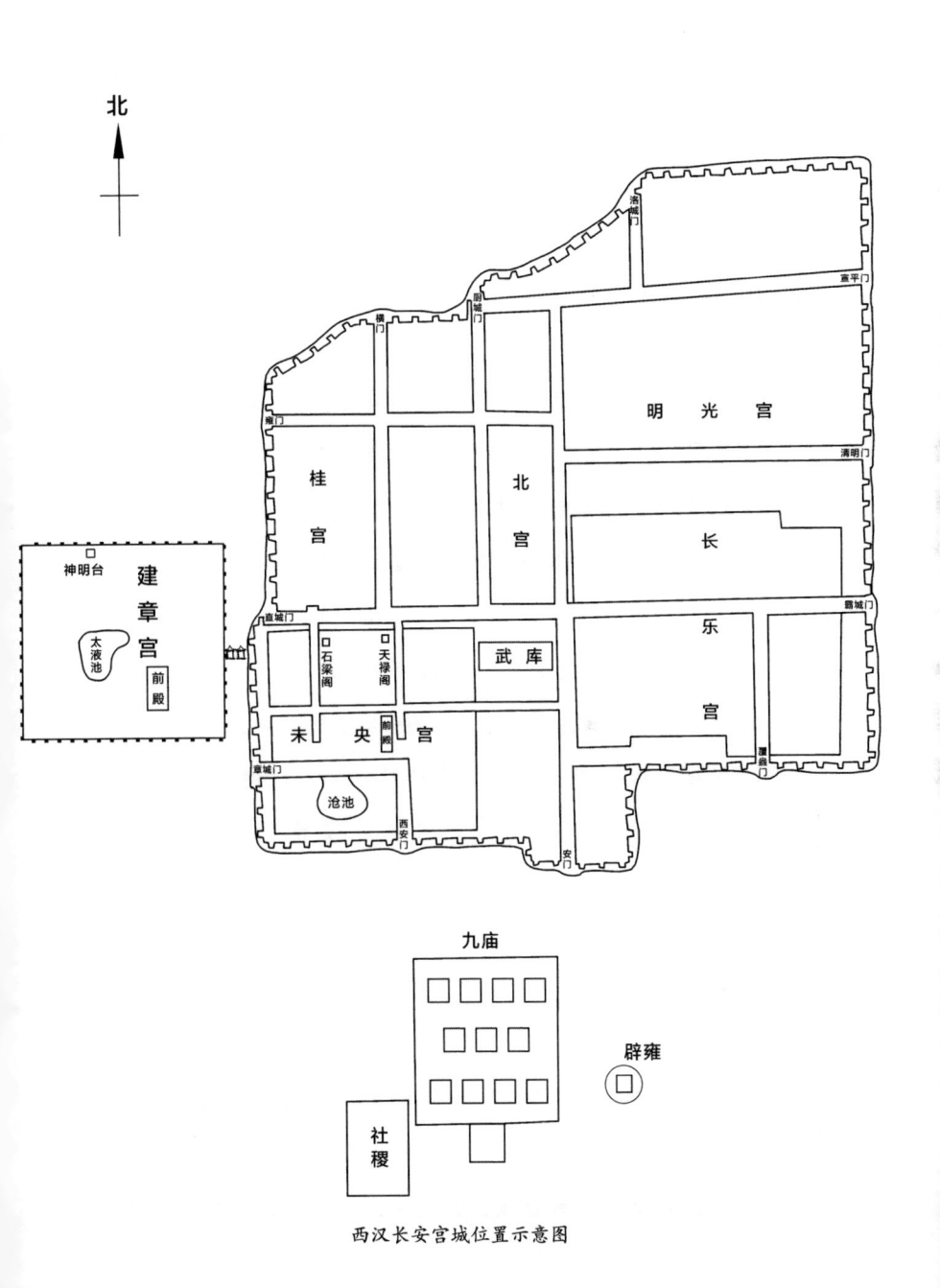

期在建章宫活动,他非常喜欢那里,一系列大政方针的制定都和建章宫密切相关。

武帝好奢与东方朔之谏

建章宫的奢华程度,我们从东方朔的故事中就能看出来。

《汉书·东方朔传》记载,汉武帝崇尚奢靡,天下效法,争相从事工商业,于是老百姓多离开农田。汉武帝对农业人口的流失很不满,有一次他问东方朔:"教化百姓,有什么办法吗?"东方朔回答说:"我愿意就近说说孝文皇帝时的事,这是当今在世老人都知道的。文帝贵为天子,富有四海,但他身着黑粗布衣服,脚穿生皮做的鞋,用不加装饰的韦皮剑鞘挂佩剑,铺着莞蒲编的草席,兵器像木制的那样没有利刃,棉衣以旧絮制成而不加纹饰,缀合装奏章的青布袋用作宫殿帷幕。文帝以道德高尚为美,以仁义为准绳。于是天下人都仰望他的风范,形成淳厚的风俗,明显地教化了民众。"

《汉书·东方朔传》载:

今陛下以城中为小,图起建章,左凤阙,右神明,号称千门万户。木土衣绮绣,狗马被缋罽;宫人簪瑇瑁,垂珠玑;设戏车,教驰逐,饰文采,丛珍怪;撞万石之钟,

> 击雷霆之鼓，作俳优，舞郑女。上为淫侈如此，而欲使民独不奢侈失农，事之难者也。陛下诚能用臣朔之计，推甲乙之帐燔之于四通之衢，却走马示不复用，则尧、舜之隆宜可与比治矣。……愿陛下留意察之。

东方朔的意思是，现在陛下嫌长安城地方小，要在城外建建章宫，左有凤阙，右有神明台，号称千门万户。宫中土木用锦绣装饰，狗和马都披着五彩的织物，宫人头上簪着玳瑁①，珠玉垂下来，设置杂耍戏车②，倡导驰逐游猎之乐，追求装饰的华丽，聚集珍奇怪物，安排俳优③乐人演戏，让郑女④起舞。皇上这样奢侈无度，却偏偏想让百姓不奢侈，不弃农经商，这是难以做到的事。陛下果真采用我东方朔的建议，撤去这些华丽的帷帐，在四通八达的大街上烧掉，放弃饲养良马表示不再骑用，那样就只有尧舜盛世才能与陛下的功业相媲美了。……希望陛

---

① 玳瑁为海龟科动物，其甲片非常珍贵，常被古人做成饰物。
② 《史记·万石张叔列传》："绾以戏车为郎，事文帝。"《汉书·卫绾传》引此，颜师古注："若今之弄车之技。"这似乎是供表演杂技的车。
③ 俳优指古代以乐舞谐戏为业的艺人。《韩非子·难三》："俳优侏儒，固人主之所与燕也。"把俳优和侏儒并列，认为是主上玩弄的对象。四川出土的著名的汉代文物说唱俑，表现的就是这类人。
④ 郑女泛指美女，司马相如《子虚赋》有"郑女曼姬"之说，李善注引如淳说："郑女，夏姬也。"夏姬是春秋时候的美女，行为放荡。一说郑女指郑国的女子。郑国在中原要地，社会开放，郑卫之音是当时的爱情小调。

河南博物院藏汉代斜索戏车画像砖拓片

下能用心考虑。

从公卿到在位的群臣,东方朔都轻视嘲弄,没有什么人是他肯屈从的,的确有个性。班固说,东方朔虽然诙谐调笑,但常常注意察言观色,适时地直言进谏,武帝经常采纳他的意见,所以他敢这么说。

气吞万里帝王心

我们从精巧隽永的瓦当文字,说到了一个时代。班固在《汉书·儿宽传》的《赞》中感叹,这一时期,经历汉兴六十余年的积累,海内安定,府库充实,但蛮夷戎狄没有服从,制度多有漏洞。此时汉武帝礼贤下士,于是"群士慕向,异人并出",他们建功立业,成就了"制度遗文,后世莫及"。班固说这个时代非比寻常,儒雅有公孙弘、董仲舒、儿宽,笃行有石建、石庆,正直有汲黯、卜式,推贤有韩安国、郑当时,定令有赵禹、张汤,文章有司马迁、司马相如,滑稽有东方朔、枚皋,应对有严助、朱买臣,历法有唐都、落下闳,音律有李延年,运筹有桑弘羊,出使有张骞、苏武,将领有卫青、霍去病,托孤有霍光、金日磾,其余的人才更是不可胜数。班固罗列了大量汉武帝以及昭宣时代的贤能,他们绝非一般人所能比。但如果没有一个大环境,没有汉武帝布局一盘大棋,那么他们恐怕无法施展这样的抱负。

在汉武帝的中年时期,"天下"二字代表的不只是文化上的理想,更是稳定国家结构的一系列行政实践,包括秦始皇在内的前代帝王都难以企及。早在元朔二年(前127年),汉武帝就采纳主父偃的建议,正式颁布"推恩令",让诸侯王推汉家之恩,将自己的封国再下分给子弟。诸侯王子弟原本无封,此时被封为侯,其封号由皇帝制定,新封的侯只有封土的衣食租税收入,没有临土治民之权。这一措施挑动了诸侯国内斗,使王国封地被分割,皇帝和朝廷可坐收渔利,实质上把王国的行政权力收回中央。这是在七国之乱以后的亡羊补牢,是大思想家贾谊"众建诸侯而少其力"这一政治方略的典型实践。

不宁唯是,汉武帝在元封五年(前106年)之时,改革了汉王朝的监察制度,这在中国古代行政史上是划时代的一页。汉武帝在古代"九州"政治地理的基础上,分全国为十三州,每州为一个监察区,有常设的长官。《汉书·武帝纪》记载:"初置刺史部十三州。"它们分别是冀州、青州、兖州、徐州、扬州、荆州、豫州、益州、凉州、幽州、并州、交趾、朔方。颜师古说:"《汉旧仪》云:初分十三州,假刺史印绶,有常治所。常以秋分行部,御史为驾四封乘传。到所部,郡国各遣一吏迎之界上,所察六条。"颜师古的解释比较简略,说的是每州部设常驻的州刺史长官一人,"有常治所",以"六条"监察其州部郡国,这就是著名的"六条问事"。《汉书·百官公卿表》中有"监御史":

监御史，秦官，掌监郡。汉省，丞相遣史分刺州，不常置。武帝元封五年初置部刺史，掌奉诏条察州，秩六百石，员十三人。成帝绥和元年更名牧，秩二千石。哀帝建平二年复为刺史，元寿二年复为牧。

秦代的"监御史"与郡守、郡尉并称，受丞相管辖。汉武帝的州部刺史情况不同，他们直接隶属于负责监察的御史中丞和御史大夫，不受制于行政长官丞相。不难发现，刺史俸禄只有六百石（后来升到了二千石，说明地位提升，出现了固化成行政长官的趋势），距离二千石高官还有很大的前进空间，这使他们忠于职守，履行监察职责，促成效，出政绩；而任用二千石高官监察地方大员，就可能会出现懒政怠政，未必有很好的监察效果。不少史家认为刺史具有监察的独立性和有效性，是一种成熟的监察制度。对这一条，颜师古解释说：

《汉官典职仪》云刺史班宣，周行郡国，省察治状，黜陟能否，断治冤狱，以六条问事，非条所问，即不省。一条，强宗豪右田宅逾制，以强凌弱，以众暴寡。二条，二千石不奉诏书遵承典制，倍公向私，旁诏守利，侵渔百姓，聚敛为奸。三条，二千石不恤疑狱，风厉杀人，怒则任刑，喜则淫赏，烦扰刻暴，剥截黎元，为百姓所疾，山崩石裂，妖祥讹言。四条，二千石选署不平，苟阿所爱，蔽贤宠顽。五条，二千石子弟恃怙荣势，请托所监。六条，二千石违公下比，阿附豪强，通行货赂，割损政令也。

"强宗豪右田宅逾制，以强凌弱，以众暴寡"，是说地方豪右兼并田产，违背朝廷制度，欺凌乡里。"二千石不奉诏书遵承典制，倍公向私，旁诏守利，侵渔百姓，聚敛为奸"，是说郡守等官员不贯彻朝廷法令，假公济私，盘剥百姓。"二千石不恤疑狱，风厉杀人，怒则任刑，喜则淫赏，烦扰刻暴，剥截黎元，为百姓所疾，山崩石裂，妖祥讹言"，是说郡守等官员恣情任性胡乱判案、缺乏事实基础而轻易杀人的情况，造成冤假错案，激起民愤，谣言四起。"二千石选署不平，苟阿所爱，蔽贤宠顽"，是说郡守等官员在察举士人时无公心，任人唯亲，结党营私。"二千石子弟恃怙荣势，请托所监"，是说郡守等地方高官子弟仗势欺人，勾结有司，危害社会。"二千石违公下比，阿附豪强，通行货赂，割损政令"，是说地方高官和豪右勾结，搞权钱交易，为黑恶势力充当保护伞。

这六条涉及田产、财税、刑狱、人事、子弟和豪右，已经相当具体。先前，无论是短命的秦代，还是民生凋敝、中央权力不彰的汉初，"监御史"和"丞相遣使"监察地方的权力与生命力都十分有限，一方面是彼时朝廷力量局促，一方面是地方的离心力非常大。

《史记·平准书》记载:"其明年,天子始巡郡国。东度河,河东守不意行至,不辨,自杀。行西逾陇,陇西守以行往卒,天子从官不得食,陇西守自杀。于是上北出萧关,从数万骑,猎新秦中,以勒边兵而归。新秦中或千里无亭徼,于是诛北地太守以下,而令民得畜牧边县。"汉武帝此次巡视,发现了很多问题,地方郡守玩忽职守,懒政怠政,吏治腐败,不容乐观,愤怒的皇帝诛杀官吏,有的官吏畏罪自杀。丞相史和监御史都不作为,可见原来监察制度存在着巨大漏洞,皇帝不得不改弦更张。汉武帝中年时,罢黜百家,表彰六经,厉行推恩,颁布左官律、附益法,皇权的力量深入到王朝的基层,中央暗弱、王国膨胀、财政匮乏等许多掣肘问题都得到了缓解。朝廷制度能够为刺史撑腰,使之发挥应有的作用。

"六条问事"记录在《汉书》中,说明设刺史一职绝非一时之举。从字里行间可以看出,他们作为皇权的眼线行使监察权力,拥有相当的威信。刺史的政治前途非常好,"居部九岁,举为守相"。这一套制度在汉武帝身后的昭宣时代更加有效,汉王朝涌现出一批政绩卓著的刺史。这对整顿吏治、缓和民愤、维护皇权和中央威信、稳定社会秩序、促进社会进步来说意义重大。

可以想象,当年汉家宫阙崔巍,与"汉并天下"这样豪迈的语气相映成趣。"汉并天下"恐怕不只是一种装点、一句口号，更是征服人心的行动。一个社会中的主流意识形态，不仅是占统治地位的思想认识，更具备高度的融合力、强大的传播力和广泛的认同感。认同的建立，不仅需要现实利益等物质条件为基础，更需要情感、价值观的浸润。基于此，我们把它理解成政治生活的规律，是不成问题的。《韩非子·扬权》说：

> 天有大命，人有大命。夫香美脆味，厚酒肥肉，甘口而疾形；曼理皓齿，说情而捐精。故去甚去泰，身乃无害。权不欲见，素无为也。事在四方，要在中央。圣人执要，四方来效。虚而待之，彼自以之。四海既藏，道阴见阳。左右既立，开门而当。勿变勿易，与二俱行。行之不已，是谓履理也。

天有天的法则，人有人的法则。一味贪图口腹之欲，身体就要受损，所以适可而止吧！同样，君主的权术不应表露无遗，应该顺应规律，营造无比神圣的氛围，让臣民摸不着君主的底牌。政事在地方，要害在中央。圣人掌握纲要，四方人民就会来效劳。君主把自己放在"虚"的位置上，洞察秋毫，臣民就会自己想法办事。君主心里如同明镜一样，四海既已收藏心中，引导阴就可以见到阳。左右助手既然已经设立，就可以开门应对四面八方的事务了。不要轻易改变原则，使前后不一，政策与措施同实际相符，保持一定稳定，天下就能治理好了。

"汉并天下"瓦当筑成了建章宫，也构筑了大汉王朝的气势与雄心。在汉代人眼中，"汉并天下"不仅是一种口号，还是汉代的主流价值观，是汉家天子君临天下的雄心壮志，是统一人心的智慧，也是那个时代的辉煌记忆。以卫青、霍去病为代表的赳赳武士冲锋陷阵立下的不世之功，以枚乘、司马相如为代表的文人的洋洋洒洒的辞赋，以董仲舒为代表的博学鸿儒遵循的"推明孔氏"方针，都说明"汉并天下"已经融入王朝的血液中。皇权、国家、版图、秩序、思想、民生，种种因素水乳交融。

后来汉宣帝初登基，令众臣讨论武帝的"尊号"和"庙乐"，言："孝武皇帝躬仁谊，厉威武，北征匈奴，单于远遁，南平氐羌、昆明、瓯骆两越，东平濊、貊、朝鲜，廓地斥境，立郡县，百蛮率服，款塞自至，珍贡陈于宗庙；协音律，造乐歌，荐上帝，封太山，立明堂，改正朔，易服色；明开圣绪，尊贤显功，兴灭继绝，褒周之后；备天地之礼，广道术之路。上天报况，符瑞并应，宝鼎出，白麟获，海效巨鱼，神人并见，山称万岁。功德茂盛，不能尽宣，而庙乐未称，朕其悼焉。"众臣称是，但让人诧异的是，长信少府大儒夏侯胜坚决反对："武帝虽有攘四夷广土斥境之功，然多杀士众,竭民财力,奢泰亡度,天下虚耗,百姓流离,物故者半。蝗虫四起,赤地数千里,或人民相食,畜积至今未复,亡德泽于民,不宜为立庙乐。"众臣一片哗然,认为夏侯胜"非议诏书,毁先帝""大逆不道",又有人揭发丞相长史黄霸包庇夏侯胜,两人身陷囹圄,命悬一线。汉宣帝下令将夏侯胜和黄霸处死,但两人坦然在狱中传经,黄霸还引用孔子的"朝闻道,夕死可矣"。后遇朝廷大赦,夏侯胜与黄霸被任命为谏大夫给事中与扬州刺史。最终,决定尊武帝的庙号为世宗,在庙中演奏《盛德》《文始》《五行》舞乐。武帝曾巡行过的四十九个郡国都立庙,他成为高祖刘邦和文帝刘恒后第三位享有此殊荣的皇帝。

从这个意义上讲,汉家天子刘彻在他中年时期的确实践了韩非所讲的"事在四方,要在中央""圣人执要,四方来效"的政治理论。

第四章

博望：运筹帷幄与八方向化

《汉书·戾太子传》记载，刘据"少壮，诏受《公羊春秋》，又从瑕丘江公受《穀梁》。及冠就官，上为立博望苑，使通宾客，从其所好，故多以异端进者"。

汉武帝元朔元年（前128年）春，卫子夫在诞下三位公主之后，为时年二十九岁的汉武帝带来第一位皇子，汉武帝欢喜异常。班固《汉书·贾邹枚路传》载："武帝春秋二十九乃得皇子，群臣喜，故皋与东方朔作《皇太子生赋》及《立皇子禖祝》，受诏所为，皆不从故事，重皇子也。"元狩元年（前122年），汉武帝把刘据立为皇太子，后"及冠就官，上为立博望苑"。

博望苑的落成使用，应在刘据成年以后，即刘据十五到二十岁这段时间，约前114年到前109年。此时汉武帝已经进入中年，他在为儿子的成长铺路。《三辅黄图》说："博望苑在长安城南,杜门外五里有遗址。"① 也就是说,建章宫在西,长乐宫、未央宫在东,博望苑在南。

"博望"之名寄托的希望

"博望"一词从何而来?《汉书·地理志》南阳郡下有"博望",为侯国。《史记·大宛列传》《汉书·张骞传》都说,张骞"以校尉从大将军击匈奴,知水草处,军得以不乏,乃封骞为博望侯"。《汉书》颜师古注云:"取其能广博瞻望。"《史记索隐》按:"张骞封号耳,非地名。小颜云'取其能博广瞻望'也。寻武帝置博望苑,亦取斯义也。"《史记正义》:"地理志南阳博望县。"《汉书·张骞传》:"然骞凿空,诸后使往者皆称博望侯,以为质于外国,外国由是信之。"

---

① 何清谷先生说:"博望苑的位置又见《汉书》卷六十三《戾太子传》云:'史良娣冢在博望苑北。'《元和郡县图志》卷一《长安县》云:'汉博望苑在(长安)县北五里。'《水经·渭水注》云:昆明故渠即漕渠,东迳明堂南,'故渠之北,有白亭、博望苑……太子巫蛊事发,斫杜门东出,史良娣死,葬于苑北,宣帝以为戾园'。《雍录》卷九《太子宫》云:博望苑在汉长安城外,'漕渠之北或云在南,至唐则为长安县北五里'。《太平寰宇记》卷二十五《长安县》云:汉博望苑'在金城坊戾园东南'。《长安志》卷四《太子宫》云:博望苑'在长安城南杜门外'。如按博望苑在汉长安城南杜门外、唐长安县北五里的唐长安城金城坊来推,应在今西安市玉祥门以西的任家庄一带。"见何清谷:《三辅黄图校注》,三秦出版社,2006年,第287–288页。

从以上文献看,"博望"一词为"广博瞻望"之意,盖始自张骞,他能"知水草处,军得以不乏",这一说法随着张骞封侯而广泛流传。① 鉴于张骞在西域的威信,后来汉遣使者多称博望侯,以取信于西域诸国。那么,汉武帝给儿子立博望苑,似乎有勉励他知类通达、广博瞻望、运筹帷幄的意思。

张骞,字子文,汉中郡成固(今陕西城固)人。他的早期经历不详,从情理推断,他应当没有显赫的家世,其身份和卫青差不多。汉武帝初年,张骞在朝廷担任名为"郎"的侍从官。据史书记载,他"为人强力,宽大信人",既具有坚韧不拔的意志、心胸开阔的气度,又具有以信义待人的优良品质。

建元二年(前139年),汉武帝招募使者出使大月氏,欲共击匈奴,张骞应募。张骞于长安出发,经匈奴,被困十余年后逃脱,继续他波澜壮阔的西行。他至大宛,经康居,抵达大月氏,再至大夏,停留了一年多才返回。归途中张骞改走南道,避免被匈奴发现,但仍为匈奴所得,又被拘系。元朔三年(前126年)趁着匈奴内乱,张骞逃回汉廷,向汉武帝详细报告了西域情况,武帝深为感动,授以太中大夫。

虽然张骞此次出使的战略目的并没有达成,但一路的所见

---

① 《汉书·卫青霍去病传》:"封骞为博望侯。去病侯三岁,元狩二年春为票骑将军,将万骑出陇西。"依此,张骞封侯当在元狩二年(前121年)以前,这距离博望苑的落成有十年左右的时间。

張騫

张骞像，清代丁善长绘

所闻使他开阔了眼界,使汉王朝对周边的形势有了新的认识。这些知识成为《史记·大宛列传》和《汉书·西域传》史料的最初来源。

张骞向汉武帝详细讲述了他这一路上的见闻。汉武帝通过张骞了解到大宛、大夏、安息等较大国家的情况,知道了西域有很多珍奇宝物,习俗同汉朝虽有不同但也有相似的地方,而且兵力相对汉朝而言弱小,又看重汉朝的财物。因而,汉朝可以通过赠送财物的办法,用利益吸引西域诸国,让他们前来朝拜。这样,不用武力就能使他们附汉,让大汉的文化制度播及远方,从而在四海之内扩展汉朝的威望和恩德。

张骞第二次出使西域

元狩四年(前119年),张骞奉皇帝之命第二次出使西域,和上一次相隔二十年。这时的汉武帝早已不是受制于祖母的年轻人,而是实至名归的王朝主宰。汉王朝的处境也有改观,通过几次大战,业已控制了河套地区和河西走廊,并且全线出击,积极进行针对匈奴的大型战事。

汉武帝对西域的认识也越来越全面,他多次向张骞询问大夏等地的情况。张骞强调了乌孙与匈奴的矛盾,建议皇帝召乌孙东返,"断匈奴右臂",跟汉廷共同抵抗匈奴,汉武帝采纳了这个建议。张骞率使团，准备金帛货物"数千巨万"，游说乌孙王东返未果。但元鼎二年（前115年）张骞第二次出使西域返回时带了几十名乌孙人到长安，这是西域第一次派使者到中原来。同时，张骞派遣副使联系大宛、康居、大夏等国。不久，张骞的副使们也带了其他国家的使者回到长安。从此，西域不断遣使到长安，西汉也遣使到西域各国，每批数十至数百人，建立了汉同西域各国的联系。

为了稳定这一联系，汉武帝在位期间数次对西域用兵：元封三年（前108年）攻打楼兰和车师，太初元年（前104年）和太初三年（前102年）攻打大宛，皆取得胜利。在这一基础上，汉武帝又设立了使者校尉，一系列措施为之后班超经营西域、甘英出使大秦打下了基础。

和第一次出使西域相比，张骞第二次出使的意义更为深远重大。和踌躇满志但对汉家内外形势都难以掌控、对域外世界的了解基本是一张白纸的建元新政时期相比，此时的汉武帝更加渊博老成。《史记·大宛列传》中，司马迁记述了西域诸国的物产风情，着重写了张骞两次出使西域的经过，展示了汉王朝同西域各国的关系。字里行间，司马迁含蓄地表达了对汉武帝连年用兵和好大喜功的批评。

但是，司马迁也不否认汉武帝坚持派张骞打通西域之路、努力控制河西走廊的功绩。这些举措不仅促进了汉朝和中亚诸国间的经济文化交流，也维护了中国的统一和强大。列传所记亦以大宛为中心，旁及周围一些国家、部落，远至今西亚南部、南亚一些地方。这些信息，基本是张骞及其使团带来的。而司马迁在接受宫刑之后，担任过汉武帝的中书令，自然听到过这些。

《史记·大宛列传》提到一个重要的信息："而汉发使十余辈至宛西诸外国，求奇物，因风览以伐宛之威德。"在伐大宛后，汉朝对西域实施了安抚政策。大宛国人杀昧蔡，改立毋寡之弟蝉封为王，遣王子入汉为人质。汉厚赐礼物给大宛使者，又派一系列使者到大宛西边诸国，搜求奇珍异宝，顺势去向他们宣扬汉征伐大宛的威德，并设置酒泉都尉进行屯田，以保证和西域的交往。

征和四年（前89年），理财能手桑弘羊等人上书，建议朝廷扩大轮台（今属新疆）屯田的规模，由政府直接组织人手集体耕作，从而保障军粮供给。但是晚年的汉武帝深感统治的危机和政策的漏洞，认为有改弦更张的必要，遂下诏"罪己"。《资治通鉴》记："朕即位以来所为狂悖，使天下愁苦不可追悔，自今事有伤害百姓，靡费天下者，悉罢之。"

《资治通鉴》记载的是汉武帝所说，还是司马光创作？它是否意味着汉武帝态度的转向，是否针对汉王朝全局而言？"所为狂悖"等语是否可信，是否只是《汉武故事》一类小说中不靠谱的说法？对这些问题，学者们有不同的看法。历史学往往不大可能像自然科学的理论那样"一刀切"，许多命题充满了混沌性（况且自然科学也有很大混沌性，不同人的标准也不一致）。人们在自己知识结构的基础上建构起来的认识，自然会"横看成岭侧成峰"。或者说，历史记忆和解释本就是多元的，有多少思考个体就有多少种记忆和解释，司马光和班固的史料来源或许就有分歧。但《汉书·西域传》所载《轮台诏》中，汉武帝已然有所追悔："乃者贰师败，军士死略离散，悲痛常在朕心。今请远田轮台，欲起亭隧，是扰劳天下，非所以优民也，今朕不忍闻……当今务在禁苛暴，止擅赋，力本农，修马复令，以补缺，毋乏武备而已。"能让封建帝王低头，停止西进拓土屯田的计划，是非常不容易的。

汉武帝拒绝了桑弘羊等人的建议，但中原和西域文化的交往交流却没有中断，并在世界文化史上产生了深远的影响。

大汉天威

上有所好，下必甚焉。皇帝有着包举宇内的雄心壮志，臣下就会投其所好。文献中就有很多有趣的故事，与"汉并天下"瓦当的文化氛围合拍。

据说汉武帝的建章宫很大，建章宫后面的亭阁中，时不时会有动物出没。有一次，一种动物出现了，它的形状很奇特，像麋鹿，但又不是，人们说不清是什么，于是一传十，十传百。武帝听说了，便前往观看。他也不认识，遂询问左右群臣这动物是什么。群臣里面有通经术之士，有博文君子，居然没人答得上来。汉武帝想，东方朔不是学问大吗，问问他吧。于是下诏传唤东方朔来看。东方朔看后马上就明白了，跟汉武帝说："我知道是什么，请皇上先赐美酒好饭让我饱餐一顿，我才说。"他居然敢跟皇上卖关子。汉武帝答应说："可以。"东方朔也不客气，用毕酒饭，又跟汉武帝说："某处，有公田、鱼池、蒲苇地几顷，陛下将这些赏赐我，我才说。"汉武帝又说："可以。"于是，东方朔说道：

> 所谓驺牙者也。远方当来归义，而驺牙先见。

东方朔博闻强识，一下子就指出这东西是驺牙，说这是吉祥的征兆，远方之邦有来归顺朝廷的，驺牙就预先出现。它的牙齿，长得前后一致，整齐相等，仿佛没有牙，所以叫驺牙。汉武帝听得入神，觉得东方朔说得有道理。没想到一年多之后，匈奴发生了内讧，匈奴的浑邪王率领十万之众归降汉廷。汉武帝想起了东方朔的话，觉得了不起，又赏赐东方朔很多钱财。

我们生活中有很多巧合。有好多事儿经不住念叨，一念叨就来了。今天我们不好说关于驺牙的典故是东方朔的杜撰,还是当时典籍中的冷僻知识。不过,从古灵精怪的东方朔口中讲出,而且其他大臣一无所知,似乎能说明是前者。但驺牙这种动物,即便存在,也和汉代政治没什么直接关系。可是后面的事情偏巧让东方朔说中了,他就被神化了。为什么他能做到这些呢?不在于东方朔知识面广,懂得多,而是他知道当时皇帝的心理,关心时政。汉武帝经营四海,抗击匈奴,这些东方朔再熟悉不过了。他用驺牙典故说事,有投其所好的意味。

汉武帝试图建立一个版图辽阔的王朝,八方向化,四夷宾服。据说他还曾经让"滑稽"人物东方朔"待诏金马门"。金马门在哪里呢?《三辅黄图》说:"金马门,宦者署。武帝得大宛马,以铜铸像,立于署门,因以为名。东方朔、主父偃、严安、徐乐,皆待诏金马门,即此。"《汉宫殿疏》记载,金马门在未央宫。

这地方为什么叫金马门呢?据《史记·大宛列传》记载,大宛马"其先天马子也",它在高速奔跑后,肩膀位置慢慢鼓起,并流出像鲜血一样的汗水,因此得名"汗血宝马"。张骞出使西域后,汉使开始频繁来往于西域诸国,他们在贰师城见到了强健的大宛马,于是奏知汉武帝。嗜好宝马的汉武帝闻讯后大喜,便于太初元年(前104年)命车令为使,带千金及一匹金马换一匹汗血宝马,不想被大宛国王拒绝,汉使也在归途中被杀。汉武帝大怒,就有了派大将李广利率大军远征大宛国的著名事件。大宛国人难以抵挡，于是杀了国王，与汉军议和，并同意向汉朝提供良马。汉军挑选了三千匹良马运回中原，但这些马经过长途跋涉后损失惨重，到达玉门关时仅余一千多匹。

得到汗血宝马的汉武帝十分高兴，将"天马"的美名赐予汗血宝马。皇上不满足于此，还给马立铜像，足见其喜欢。待诏金马门的东方朔、主父偃、严安、徐乐，都是汉武帝提拔、在武帝一朝发挥重要作用的人，代表一种新兴的少壮力量。金马就是当时汉武帝雄心壮志的文化符号。

汉武帝想让大汉的天威播撒到人迹所至的辽阔范围，但谈何容易！常年用兵和民力耗费，已经使王朝千疮百孔，他努力营建的国家陷入捉襟见肘的境地，其万丈雄心在冷冰冰的现实面前不得不有所收敛。然而，汉武帝一朝，不同文化交流空前活跃，中原文化在与外来文化的碰撞中不断丰富发展，这无疑是文化发展进程中的可喜现象。

《齐民要术》等文献把"胡蒜""胡瓜""胡桃"等物种进入中原追溯到博望侯张骞，其名称中的"胡"字正说明它们的身世。

《齐民要术·大豆》引《本草经》说："张骞使外国，得胡豆。"

《齐民要术·胡麻》引《汉书》说张骞"外国得胡麻"，"今俗人呼为'乌麻'者，非也"。

《齐民要术·种蒜》引王逸语说："张骞周流绝域，始得大蒜、葡萄、苜蓿。"又引《博物志》说："张骞使西域，得大蒜、胡荽。"又引延笃语说:"张骞大宛之蒜。"

《齐民要术·种桃柰》:"汉武帝使张骞至大宛,取蒲萄实,于离宫别馆旁尽种之。西域有蒲萄,蔓延实并似蘡(即蘡薁)。"

《梦溪笔谈·药议》载:"张骞始自大宛得油麻之种,亦谓之麻,故以胡麻别之,谓汉麻为大麻也。"

《本草纲目》卷三〇引苏颂语:"此果(胡桃)本出羌胡,汉时张骞使西域始得种还,植之秦中,渐及东土,故名之。"①

胡萝卜、香菜、茄子、胡蒜(大蒜)、蚕豆、西瓜、胡瓜②、葡萄、石榴、胡桃(核桃),这些物产都是在汉代张骞出使西域后陆续传进来的,大大丰富了人们的食谱。也有学者认为,大蒜、香菜、石榴、核桃等物种并非张骞从西域带回,比如磁山文化遗址的发掘中发现了核桃。其实古代物种的传播是格外复杂的,很可能不遵循唯一一条路线。某些物种曾在中原出现过,和张骞后来再引入并不冲突。

《齐民要术》分门别类地详细介绍了中国6世纪以前黄河流域先民所积累的农业生产技术和经验,被誉为"中国古代农业

---

① 李时珍说:"此果外有青皮肉包之,其形如桃,胡桃乃其核也。羌音呼核如胡,名或以此,或作核桃。"核、胡双声,但核是职部字,入声;胡是鱼部字,平声,韵部上不太近。
② 即黄瓜,据说后赵石勒忌讳胡字,改称黄瓜。《本草纲目》卷二八李时珍引陈藏器语说:"北人避石勒讳改呼黄瓜,至今因之。"

百科全书"。《齐民要术》等古代科技史文献提及张骞，应能说明这些物种对当时农业的影响，也能说明张骞本人在人们心中不可替代的地位。

值得一提的还有胡乐的引进。晋代崔豹《古今注》记载："横吹，胡乐也，博望侯张骞入西域，传其法于西京，惟得《摩诃兜勒》一曲，李延年因胡曲，更造新声二十八解。"这对中国音乐的创新起到了积极的促进作用。这里所说的《摩诃兜勒》，实际上就是指流行于中亚的马其顿歌曲。它被带到长安，后来又被汉武帝时期的音乐家李延年"更造新声"而流行，成为中国音乐文化的重要组成部分。[1]文化传播是中外交流中基本的力量，其持久性远远超过了武力和利益。中老年汉武帝有没有看到这一点，我们不得而知。但从后代文献对汉武帝的追溯来看，他是文化传播史上不可忽略的推动者。

从博望侯到博望苑，再到后来的建章宫，博望之梦长久地存在于汉武帝的心中，体现着他的雄心。张骞两次出使西域，前后历时二十余年，几乎是汉武帝一朝一半的时间。可以说，张骞用他的一生实现了汉武帝的博望之梦，而他带回的西域物

---

[1] 杨共乐：《中华文明的连续性与开放性特质——基于中外文明比较的视野》，《光明日报》2020年10月21日11版。

产则让汉武帝真正触摸到了汉朝以外的世界。

汉武帝的博望之梦、八方向化的憧憬、汉并天下的理想何其宏伟，又何其艰辛。我们不难发现，人生中许多成功，往往不只因为胸有成竹、有意栽花，还有无心插柳的际遇。历史现象是多种因素合力作用的结果，极其复杂，这既是历史规律，也是人世哲理。

第五章

间阖：古郊祀礼与方士妄怪之说

建章宫，是中国古代宫殿建筑中的佼佼者，汉武帝刘彻于太初元年（前104年）建造的这座宫苑，汇集了当时最优质的资源。值得一提的是，据说武帝为了往来方便，跨城筑有飞阁辇道，可从未央宫直至建章宫。其实这样的宫殿构造，和当时的神仙方术有密切联系。

太初元年十一月，柏梁台遭遇火灾，其后兴建建章宫。《汉书·郊祀志》有"于是作建章宫，度为千门万户"之句。用高档木料香柏建造的建章宫，内置千门万户，规格甚至超过汉高祖时代修建的未央宫，气势非常宏伟。

过阊阖，入天宫

建章宫的正门，历史记载名为"阊阖"。《三辅黄图》中记载了汉武帝所造的神仙意味浓厚的建章宫正门："宫之正门曰阊阊，高二十五丈，亦曰璧门。"

"阊阖"一般认为是指天门。《离骚》："吾令帝阍开关兮，倚阊阖而望予。"《说文·门部》说"阊阖，天门也"。这是怎么回事呢？《离骚》中，屈原自述身世、遭遇、心志，虽逢灾厄也决不向邪恶势力妥协，后来神游天界、追求实现理想，失败后欲以身殉道，反映出诗人的爱国思想与理想主义风格。屈原在重华（也就是大舜）面前阐述了他的政治主张，后又神游天地，"上下而求索"。他叫天门守卫帝阍把门打开，但这名守卫却倚靠天门呆望着屈原，仿佛在说："你是谁啊，折腾半天干什么呢？"屈原非常扫兴。

后来王勃的《滕王阁序》里说"怀帝阍而不见，奉宣室以何年"，是说他和屈原一样心系朝廷，却不被召见，不知什么时候才能像贾谊到宣室殿去侍奉君主汉文帝那样得到重用。"帝阍"由此成了怀才不遇的象征，"阊阖"则成了人生理想的表达。

进了"阊阖"就能见到天帝，实现抱负。这和战国秦汉时期人们的精神信仰有关。汉代淮南王刘安主编的《淮南子》，首篇就是《原道》，用洋洋洒洒的文字，探讨了"道"的特性及其发展变化，主张要循道无为，重生养性，体现的是道家思想。《原道》中写神仙冯夷、大丙驾乘雷公之车，遨游于微朦的云雾之中：

经纪山川，蹈腾昆仑；排阊阖，沦天门。

第五章 | 阊阖:古郊祀礼与方士妄怪之说

屈原像,元代张渥绘

神仙们经过高山大川，跨越昆仑之巅，推开天门，进入天宫。请注意，这里的"阊阖"是和"天门"分开的。《淮南子·原道》高诱注"阊阖，始升天之门也"，而后面的"天门"是"上帝所居紫微宫门也"，是真正的天门。这里可能是出于对仗的要求，分开表述。

《三辅黄图》中，建章宫正门是阊阖，"亦曰璧门"，也值得研究。班固《西都赋》云："设璧门之凤阙，上觚棱①而栖金爵。"是说建章宫中，附属建筑璧门、凤阙相勾通。凤阙的檐角上还铸有金光闪烁的铜饰。既然建章宫的阊阖又叫璧门，那么它的上面可能以璧作为主要装饰。马王堆汉墓出土的T形帛画的人间部分也用玉璧把空间划分成上下两层，上层表现墓主人升天的场景，下层是对她的祭祀场面。为什么是玉璧呢？

按照古代文化制度，璧为礼天之器，圆以象天，正如《白虎通·辟雍》所说："象璧圆以法天也。"玉璧的圆孔可象征通天之孔道。古人主张天圆地方，《周礼·春官·大宗伯》说"以苍璧礼天"，那是因为天是圆的，又是苍色（青色）的；"以黄琮礼地"，那是因为地是黄而方的。古人以玉的颜色和形制，配合阴阳五行之说，制造了祭祀天地四方的礼器。

班固《西都赋》也说，西都的宫室殿堂，体制取象于天地，

---

① 指宫阙上转角处的瓦脊。

结构取法于阴阳。据于区域之正位,仿紫微星座而为圆、太微星座而为方。在古人看来,北极星代表天帝,紫微垣被看作天帝所居之处,居于北天中央,所以又称中宫或紫微宫。古人视北极星为上帝的象征,而北斗则是上帝出巡天下所驾的御辇。

天上有紫微垣,汉家有建章宫。汉武帝作璧门,代表阊阖、天门,符合其毕生追求的升天成仙的愿望。《水经注》引《汉武帝故事》说:"建章宫北有太液池,池中有渐台三十丈……南有璧门三层,高三十余丈……橡首薄以玉璧,因曰璧玉门也。"这些建筑用玉璧装饰,所以叫璧门,说明这样的地方不止一处。

班固提到的凤阙可能在天门附近,传世的"折风阙当"文字瓦当,也就是这里用的建筑构件。新莽末,长安城的宫殿建筑大都在战乱中焚毁,唯独凤阙得以保留。东汉天文学家张衡曾将其所见的双凤阙写进《西京赋》中。

昆仑神话中的阊阖

《淮南子·地形》云"倾宫、旋室、县圃、凉风、樊桐在昆仑阊阖之中",将阊阖与昆仑联系在一起,倾宫、旋室、县圃、凉风、樊桐都是神仙家描绘的仙境。高诱注"阊阖,昆仑虚门名也","虚"为"墟"之通假,"昆仑虚"即昆仑山,那么阊阖又是昆仑之门。《地形》中又云:"昆仑之丘,或上倍之,是谓凉风之山，登之而不死。或上倍之，是谓悬圃，登之乃灵，能使风雨。或上倍之，乃维上天，登之乃神，是谓太帝之居。"

沿着昆仑山再往上攀登，就到凉风山了，登上凉风山就能长生不老；接着往上攀登，就能看见悬圃山，攀上悬圃山，就看得见能够呼风唤雨的神灵；再接着攀登，就来到了天庭，那是天帝居住的场所。能登上天庭，就可以变成天神。可见，昆仑是登天之神山，其上为天帝所在，那么阊阖为"始升天之门"就容易理解了。登天之人需先进入阊阖，登上昆仑，然后进入天门，得拜天帝。阊阖是整个升天过程中的第一步。

汉武帝尊崇昆仑神话，一方面是出于经营西域的雄心壮志。成书于战国时期的《山海经》就有许多关于昆仑的记载。约同一时期的《穆天子传》中，有周穆王西巡昆仑会见西王母的故事。周穆王是旅行家，带着自己的仆从，由造父赶车，由伯夭做向导，从宗周出发，越过漳水，经由河宗、阳纡之山、群玉山等地，西至西王母之邦，和西王母宴饮酬酢。

还有一个词——昆山之玉，指昆仑山的美玉，即和田地区出产的软玉。它的出处是约成书于前5世纪的《尚书》，伪古文《尚书·胤征》记载："火炎昆冈，玉石俱焚。"当秦始皇要把非秦国的宾客轰走的时候，李斯上书秦始皇："今陛下致昆山之玉，有随和之宝……"昆山之玉、随和之宝也不是秦国产的，你怎么就喜欢呢？

张骞第一次出使回来后，跟汉武帝述说了在西域的经历，汉武帝又派了其他人前往西域。为什么呢？也许汉武帝对张骞的说法多少有些不相信，抑或是为了给张骞的说法寻找更多的佐证。于是在张骞之后，汉武帝派出了更多的人出使大宛、大月氏、大夏、康居等地。这一举措开阔了汉朝人的视野。

对此，司马迁在《史记·大宛列传》中载："《禹本纪》言：'河出昆仑。昆仑其高二千五百余里，日月所相避隐为光明也。其上有醴泉、瑶池。'今自张骞使大夏之后也，穷河源，恶睹《本纪》所谓昆仑者乎？故言九州山川，《尚书》近之矣。至《禹本纪》《山海经》所有怪物，余不敢言之也。"意思是，《禹本纪》说："黄河发源于昆仑。昆仑高达二千五百余里，是日月相互隐避和各自发出光明之处。昆仑之上有醴泉和瑶池。"张骞出使大夏之后，找到了黄河的源头，哪里能看到《禹本纪》所说的昆仑山呢？所以谈论九州山川，《尚书》的记载最接近实际情况。至于《禹本纪》和《山海经》里所记载的怪物，我司马迁不敢说。这段记载说明，通过张骞等人的描述，汉朝人对西域的了解大增。这和汉武帝的政治构想密切相关。

另一方面，汉武帝的这种尊崇出于其浓重的求仙情结。元光二年（前133年），汉武帝初次到雍城祭祀上帝。汉朝人的上帝有多个，称"五畤"神灵。"畤"是典型的西方秦地的神灵祭祀，和东方的封禅祭祀很不相同。秦国的社会虽然在进步，但由于秦人长期居于"西垂"，与戎狄杂处，旧的习俗还根深蒂固。这里长期盛行原始社会对自然物的崇拜，对"畤"的崇拜就是其中之一。

畤，即峙立的土包，或峙立的大石，人们把它当作天神祭祀。《史记·封禅书》上记载着秦文公梦黄蛇的故事。某天，秦文公在梦中看见一条大黄蛇在天上飞。这条黄蛇尾巴在天上，嘴巴接着地，而且，黄蛇的嘴巴挨着鄜衍（在今陕西延安市境内）那个地方。当时的史官史敦说，这是上天对秦文公的警示，于是秦文公赶紧在鄜地立了一个畤，可能是大石头一类的东西，用它专门祭祀白帝。

白帝是中国古代神话传说中的西方之帝，五行学说里西方就对应白色。这个祭祀意义不同凡响，因为诸侯不能祭祀上帝，只能祭祀境内的名山大川，称为"祭不越望"。①《史记·封禅书》等文献记载，秦国君主敢立畤祭祀上帝，先后在雍地建立了包括鄜畤、密畤、吴阳上畤、吴阳下畤的雍四畤祭祀系统，使当时秦国国都雍城成为国家最高等级的祭祀圣地。周代只有天子

---

① 《左传》哀公六年记载，楚昭王病了，有人让他祭祀黄河，他断不接受，认为这不是楚国的"望"，不能乱来。楚昭王还因此受到孔子的赞赏。

能祭祀上帝，这意味着秦国的祭祀体制与周王室的要求明显不合，说是僭越也无不可。

近年的考古发现，为我们认识这一问题提供了新的证据。著名的雍山血池秦汉祭祀遗址，位于陕西宝鸡市凤翔区血池村，距离秦国雍城遗址 15 千米。这一遗址性质较为明确，是考古工作者发现的与古文献记载吻合、时代最早、规模最大、持续时间最长且功能结构趋于完整的"畤"文化遗存，是秦汉时期"皇家祭天台"。考古工作者在 2016 年首次对血池遗址进行考古发掘，工作围绕坛场（夯土台及其周边场地）和祭祀坑展开。考古工作者根据夯土台的已有信息，结合它的位置与环境，综合考虑《史记·封禅书》《汉书·郊祀志》等文献的记载，认为它符合秦汉时期置"畤"祭的条件，即"高山之下，小山之上"的地理环境，具备"封土为坛、除地为场、为坛三垓"的筑坛形式和规模。这里还出土过写有"上畤""下祠"陶文的瓦片，和文献相合。

考古工作者还发现了道路遗址。不同的道路可能用于体现祭祀大典中参祭贵族的身份高低，或提供给不同神灵行走，即文献所记载的"神道八通"。《史记·封禅书》载："古者天子以春秋祭太一东南郊，用太牢，七日，为坛开八通之鬼道。"唐司马贞索隐："司马彪《续汉书·祭祀志》云'坛有八陛，通道以为门'。又《三辅黄图》云'上帝坛八觚，神道八通，广三十步'。"《史记·孝武本纪》南朝裴骃集解:"文颖曰:'武帝登泰山,祭太一,并祭名山于泰坛,西南开除八通鬼道,故言八神也。一曰八方之神。'"宋代沈遘《奉祠西太乙宫赋》:"八通之道兮,所以宾众鬼。"从这些记载来看,"神道八通"似是提供给鬼神通行的,当然不排除古人用鬼神指代四方酋长的可能,也可见"神道八通"古已有之。

秦汉王朝继承了这些内容。秦始皇统一中国,既传承了他祖先的"畤"祭习惯,"唯雍四畤上帝为尊"(《史记·封禅书》),又广泛地吸收了原先东方六国尤其是齐国的封禅祭祀礼仪。在雍地举行加冕典礼,祭祀皇天上帝,乃至到东方巡狩封禅,秦形成了新的祭祀风尚,这是文化交流的产物。李零先生指出,秦的祭祀结构主要由两部分组成——秦地固有的郊祀和东方齐鲁封禅。[①]

祭祀典章,汉承秦制

西汉早期休养生息,统治工作的重心是恢复经济,其制度建设还比较粗线条,汉高祖刘邦以来实行"汉承秦制"的政策,祭祀典

---

① 李零:《秦汉礼仪中的宗教》,《中国方术续考》,东方出版社2001年版,第144页。

制也不例外。以刘邦为代表的汉家天子没有在长安设置新的"畤",而是沿用秦人设在雍地的旧制,司马迁在《封禅书》中写道:

> 二年,东击项籍而还入关,问:"故秦时上帝祠何帝也?"对曰:"四帝,有白、青、黄、赤帝之祠。"高祖曰:"吾闻天有五帝,而有四,何也?"莫知其说。于是高祖曰:"吾知之矣,乃待我而具五也。"乃立黑帝祠,命曰北畤。

汉家沿用了秦人和畤祭相关的一系列基础设施,在白、青、黄、赤帝之祠,也就是秦雍地四畤的基础上,增设了西汉王朝自己的北畤,从而呈现出完整的五畤祭祀系统,和五帝一一对应。五行学说配合五色、五方,是战国秦汉时盛行的内容,汉家天子也津津乐道。于是汉代就形成了传统,祭天是君王的大祀,是王朝信仰中最重要的组成部分。

封建国家会挑一年中关键的时日,比如冬至,由皇帝带领三公九卿等一干重臣,严格依据典章制度,在国都郊外祭祀皇天上帝,感恩上苍,为江山社稷、天下黎民祈福迎祥,这种祭祀活动称为郊天大典,也称为郊祀。西汉王朝统治者以郊祀雍畤作为至高无上的祭礼,这显然是源自秦。

皇帝在雍地举行郊天礼仪,从汉初一直延续到汉武帝时期。据统计,从汉文帝到汉武帝时期,西汉帝王先后十八次郊雍,场面何其隆重壮观！这些活动，我们今天如果以"封建迷信"或者"荒淫无度"绳之，就明显把其简单化了，它们背后有着非常浓厚的精神信仰诉求、教化氛围和社会治理味道，是中国文化"敬天法祖"精神的重要体现。

考古工作者根据血池遗址出土文物的类型、年代初步判断，该遗址应为汉高祖刘邦在雍城郊外秦人畤祭设施基础上改建的国家最高等级祭祀场所，是专门用于祭祀黑帝的北畤。

在此之前，考古工作者还在甘肃礼县鸾亭山发现了与西畤有关的遗迹。通过考古调查，人们发现鸾亭山的山顶遗址既有夯土、卵石、瓦当等建筑遗迹，也有祭坛和不少的祭祀坑，内涵相当丰富。礼县是秦汉时西县所在，也是秦人的重要发祥地。《史记·秦本纪》记载，秦人在两周之交建国，秦襄公就建立西畤来祭天。西畤在秦汉时期沿用，鸾亭山山顶的祭祀遗址，当是汉代的西畤。

在建立统一的王朝以后，尤其是最高统治者步入中老年后，其追求永恒权力、好生恶死之心愈演愈烈，于是求仙求药成了秦皇汉武的重要追求。各种方士、江湖骗子趁机迎合最高统治者的需要，大肆作祟行骗。《史记·封禅书》说，自从秦始皇运用了齐人所奏的邹衍五德终始学说，政治生活的各个角落都可见阴阳家的思想，方术大盛，方士活跃，秦始皇不仅派徐福、卢生等人求仙、求不死之药，而且自己多次游于海上。

到汉武帝时更是如此，《史记·封禅书》记载，"今天子初即位,尤敬鬼神之祀"。汉武帝"初至雍,郊见五畤,后常三岁一郊"。当时武帝求得"神君"偶像,珍爱得不得了,供奉在上林苑中一个叫"蹄氏观"的地方,祭祀礼节隆重,人们居然能听到"神君"的说话声。这时候各路方士和江湖骗子也纷纷登场,李少君、少翁、公孙卿、栾大等人假借求仙、丹砂炼金、入海寻药,周旋于皇帝身边,骗取巨额钱财与爵位,皇帝屡屡上当。汉武帝欲封禅求仙,方士公孙卿言黄帝封禅后就乘龙上天,汉武帝感叹:"嗟乎!吾诚得如黄帝,吾视去妻子如脱躧耳。"汉武帝说如果他能像黄帝一样成仙,他会把离开妻、子看得像脱鞋一样简单。如此痴狂,令人惊诧。

　　汉武帝的多次巡狩封禅活动,大都以求仙求药为主要目的。《史记·封禅书》载,"上遂东巡海上,行礼祠八神","乃复东至海上望,冀遇蓬莱焉","东至海上,考入海及方士求神者,莫验,然益遣,冀遇之",即使一次次失败也不死心。建章宫前殿遗址上留有巨大的天然柱础石,出土有几何纹铺地方砖和"与天无极""长乐未央"瓦当,还出土有长方形陶质建筑脊饰构件,上有篆铭:"延年益寿,与天相侍,日月同光。"所有这些,都与汉武帝的思想以及当时的社会风气有着密切的关系。

　　从古代宗教的发展轨迹上看,这些求仙行为并不是偶然现象。原始社会时,人们认为世界存在永恒的规律,只要有人能够掌握事物生长遂成的奥秘,就可以控制世界,这样巫术就诞生了。在中国,上古时人们经历过"家为巫史"的阶段,每个家族乃至每个人都掌握着巫术,于是天下大乱。"昔在颛顼,命南正重以司天,北正黎以司地"(《史记·太史公自序》)。据说颛顼以后就杜绝了"家为巫史"的乱象,天上天下、神与人各司其职,互不干涉,被称为"绝地天通";只有少数大巫能够在天地之间往来,巫术操控在部落酋长手中,酋长既是领袖也是大巫,这就是著名的巫术时代。但是巫术建立的基础多有虚妄错误之处,随着社会的发展,其内容的虚妄漏洞被人们看破,进而新的进步思想就取代了巫术,但巫术保存在众多方术之中,时不时还沉渣泛起。

汉代巫术氛围很浓重,有学者称之为巫术的复苏,并不为过。汉武帝的求仙行为,已经背离了古代圣王的崇高精神,以及天命深不可识的神圣特性,使封禅走上了邪路。司马迁对此颇有微词。近人刘咸炘云:

> 宋人多谓史公以古郊祀礼与方士怪妄之说并载为非,此不知史述源流而以邪正绳之也。[1]

---

[1] 刘咸炘:《太史公书知意·封禅书》,《四史知意并附编六种》,鼎文书局1976年版。

司马迁想表达的是，后代帝王应该以古代帝王祀典为准绳，衡量自己的德行、政绩是否符合上天的要求；那些邪门的江湖方术，并不符合圣人治国之道。这些方士的目的，汉武帝能看不出来？他为什么还执着于此？宁信其有，不信其无，再加上这堆术士投其所好，他不过是为了些许心理慰藉吧！

　　有意思的是，《史记》中这些记载武帝痴迷方术的文字还能流传下来，如果没有汉武帝的默许，也是难以想象的吧？司马迁能把人们对汉武帝的微词书写到竹简上，后来人们还用《封禅书》填补《孝武本纪》的空缺，①似乎《封禅书》的思想和汉武帝的自我检讨并不矛盾。或者说，文献中这种明显的检讨情节②也是史学家重点构造的内容——人们很需要一个能够改过自新的皇帝。而这种叙述应在封建皇权许可的范围内出现。

---

① 司马迁的《孝武本纪》原稿的确是不见了，可见里面有许多令君上不满的文字。是汉武帝君臣为之，还是其他原因，不可确考。相比之下，《封禅书》表达相对温和一些，故而得以流传下来。

② 田余庆先生认为这种检讨是昭宣时代汉家官方"守文"政策的源头。"汉军失利虽于大局影响无多，汉武帝却决心利用时机，改弦更张。""武帝由是不复出军，并于征和四年六月封丞相田千秋为富民侯，以明休息，思富养民。这些就是轮台诏的主要内容。自从汉武帝对卫青说到以'亡秦之迹'为鉴以来，时间已过了大约二十年，矛盾积累更多，'亡秦之迹'的征兆也更为显著。过去汉武帝把转向'守文'的历史任务寄托给卫太子，现在却不得不由自己来实现了。"见田余庆：《论轮台诏》，《历史研究》1984年第2期。

"阊阖"一词源自昆仑神话，既是汉武帝经营西域雄心的象征，也体现了汉承秦制的文化传承，同时寄托了汉武帝中年之后对长生的追求。以"阊阖"为建章宫的正门命名，仿佛推开此门，汉武帝的所有梦想都会在这里实现。这恐怕也是中年汉武帝在建章宫中日夜所思。

第六章

朝廷：汉武帝臣子的生存之道

建章宫的正殿是它的前殿。历史上,建章宫前殿的高度应该不低于未央宫前殿,但其基址被破坏得更严重。宫殿的位置,有可能如未央宫前殿的三座大殿一样,由南向北分布在高度递增的台基面上,具体情况有待进一步的考古发掘。

汉代宫殿中,前殿极为重要,是前朝后寝中前朝的核心部分。其中,前朝可分为"外朝"和"内廷",在政治上承担不同的功能。

"朝廷"二字,可以放在一起解释,用作以君主为首的中央统治机构或君主的代称;也可以分开解释,有外朝就有内廷。考古工作者发现,未央宫前殿西北侧有中央官署如少府等建筑。前殿建筑群可能分为外朝和内廷两部分,二者之间似由一条长廊分隔。平时举行朝会的正殿属于外朝,北边私密的宫殿属于内廷,皇帝也会在此处单独接见大臣。前者有"国"的层面的办事官员,后者有皇帝"家"的层面的私人臣宰。后者会向前者转化,是不可忽略的趋势。未央宫如此,建章宫应也有类似的设置。

"外朝内廷"的空间格局

钱穆的《秦汉史》指出:

> 汉之丞相、御史大夫,仍不失古者家宰仆御之遗意,故其职权乃得及于王室之内廷,其义既如上述。而汉自高祖创业,文、景守成,外则封建诸王之波澜常作,内则列侯功臣之基盘方广,王室之权,多见侵逼,固无如何也。及于武帝,雄材大略,席三世之余荫,又值削平封建,王朝一统,其意时欲大有所作为,而颇不便于外廷宰相之权重。乃始贵幸常侍,使得与闻朝政,如严助、朱买臣等,皆以文学入内朝,往往奉天子意旨,与外廷丞相大臣相诘难。公孙弘为丞相,谏筑朔方,朱买臣等难之,发十策,弘不得一。当时内朝文学侍从之臣,其气焰如此。及弘后,诸丞相皆鹿鹿备位,内朝置尚书,列属分曹,都受外事,而政权重心,乃始全移于中朝。卫青、霍去病皆由侍中进,权势远出宰相右。及武帝临崩,幼主嗣重,而霍光、金日磾皆以侍中受顾命。霍光为大司马大将军,领尚书事,为中朝

之长。其次有侍中、中常侍之属,皆加官,始得入禁中。而所加或列侯、卿大夫、将、都尉、尚书之属,皆得加官,而丞相、御史大夫独否。于是外廷中朝,划然判别,而权重则在中朝。故霍光废昌邑王,丞相杨敞不得预议。自是以来,列朝遗诏,皆以大司马大将军辅政,而其人选,则皆外戚也。是汉之政制,其权重所归,乃由家宰转移而至于戚党,其仍为不脱古者封建贵族私家临御之体制,则一也。

不管外朝、内廷怎样分工,皇帝身边总会需要人手,不能是光杆司令。钱穆先生认为,君主集权的工作主要在汉武帝时期完成。从成效来看,它真正完成时已经到了汉武帝的中晚年,乃至昭宣时代。这是一个比较漫长的过程,一个君主能施展抱负,势必需要一整套为之服务的国家机器,以及得心应手的下属;但这一切并不是一开始就有的,况且臣下也不会总听话,有些人一时听命于君上,是因为偶然,一旦得势就会对君上阳奉阴违,形成离心力。

钱穆先生论及秦朝的三公,指出:"丞相犹《周官》之太宰也,御史大夫犹小宰也,御史中丞则犹宰夫也。其先乃系贵族家庭之私仆,渐变而为国家朝廷之大僚焉。"[①] 从"贵族家庭之私

[①] 钱穆:《秦汉史》,生活·读书·新知三联书店2005年版,第287-288页。

仆"到"国家朝廷之大僚"的变化,非常明显。这些私仆对君上的忠诚是有限的,维系其臣服态度的是君主的权威而非情感和血缘。这群人里,有人耿直,有人诙谐,有人大奸似忠,有人如履薄冰。皇帝处于深宫之中,将天下运诸掌上谈何容易。其决策过程需要参考方方面面的意见,其政策实施更需要多方面多层次的人物。这些人经常出现在皇帝的左右,他们的思想受皇帝的制约,也在相当程度上对皇帝产生影响。皇权需要臣下的支持和赞许,否则皇帝就是孤家寡人,其工作得不到认可,缺乏效度;但皇帝也需要让自己清醒,不至于有人狐假虎威,借皇权以自利。内廷常侍为皇帝腹心,自然恭承上意,其个人思想或在强大的皇权笼罩下隐而不发,或已和皇权融为一体;外朝大臣则和皇权有一定距离,其样态形形色色,颇值得玩味。

内廷常侍东方朔

皇帝宠幸的人,是自己身边属于内廷的常侍,这些人会揣摩皇帝的心思,明白皇帝要干什么,比外朝官员要听话得多。东方朔就是会揣摩上意且不失个性的"开心果"。

传说汉武帝曾经见过西王母,也就是昆仑之丘的神,并与其推杯换盏,不亦乐乎。晋朝张华《博物志》说:西王母得到七个仙桃,大如弹丸,其中五枚给了汉武帝,西王母吃了两枚。

汉武帝吃了仙桃，留下了桃核。西王母诧异地问："您留着这核儿将何为？"汉武帝说："此桃甘美，欲种之。"西王母笑了："此桃三千年一生实，中夏地薄，种之不生。"这时只有汉武帝与西王母对坐，其他从者皆不得进，"时东方朔窃从殿南厢朱鸟牖中窥母"。东方朔探头探脑地透过窗户偷窥西王母，西王母马上看到了，对汉武帝说："此窥牖小儿，尝三来盗吾此桃。"这个透过窗户贼头贼脑看我们的小儿，偷过三次仙桃呢！汉武帝被这话吓了一跳。由此，世人不敢小觑东方朔，管他叫神仙。

还有传说称，东方朔年幼丧母，由邻居抚养长大。后得一白猿相助得以上天宫，恰好西王母开蟠桃会，他便在瑶池偷吃了仙桃，被守护神捉拿押见西王母。他以滑稽之语申辩，说得西王母不仅免其罪，还赐以仙酒仙肴。齐白石、张大千等画家都有关于东方朔偷桃的名作，画面多为一老者，腰系酒葫芦，身背仙桃，也有的是老者口衔仙桃而逃。实际上东方朔没那么老，年龄应该和汉武帝相仿。①

东方朔，字曼倩，平原郡厌次（今山东德州市陵城区东北，

---

① 汉武帝生于前156年。东方朔的出生年份有两种不同的说法，一是前154年，一是前161年。两者相比，以前161年之说更可信。《汉书·东方朔传》记载："武帝初即位，征天下举方正贤良文学材力之士，待以不次之位，四方士多上书言得失"，于是东方朔应诏上书说："臣朔年二十二……可以为天子大臣矣。臣朔昧死再拜以闻。"汉武帝即位在前141年，东方朔在汉武帝刚执政时应诏上书，他的年龄为二十二岁是合理的。

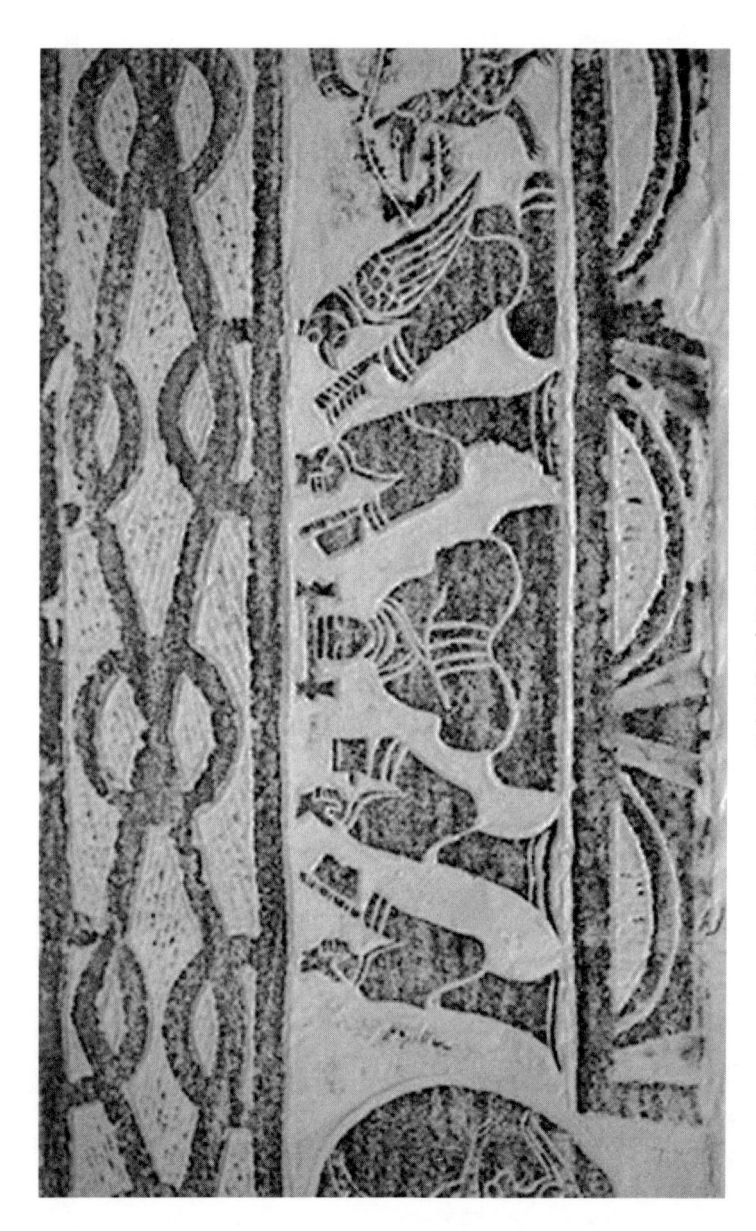

汉代画像石中的西王母形象

一说今山东惠民东）人，西汉时期名臣。汉武帝即位之初，征召天下贤良方正和有文学才能的人。各地士人、儒生纷纷上书应聘。东方朔更出格，他居然写了三千片竹简的内容上书。这些竹简要两个人才扛得起，武帝断断续续花了两个月的时间才读完，中间停下来时还要做记号。《史记·滑稽列传》叫"辄乙其处"，也就是画个记号停顿一下。

东方朔上书自荐，未央宫中年轻的汉武帝读到了他的自荐书："我东方朔少年时就失去了父母，依靠兄嫂的抚养长大成人。我十三岁开始读书，经过三年的刻苦学习，读的书已经够用，在十五岁时学习击剑，十六岁学《诗》《书》，阅读量达到二十二万字。十九岁又开始学习兵法和作战常识，懂得各种兵器的用法，以及作战时士兵进退的钲鼓。兵学方面的书也读了二十二万字，阅读量总共四十四万字。我钦佩子路的言行。如今我已二十二岁，身高九尺三寸，双目炯炯有神，像明亮的珠子，牙齿洁白整齐得像编排的贝壳，勇敢像孟贲，敏捷像庆忌，廉俭像鲍叔，信义像尾生。我这样的人，应该能够做天子的大臣吧！"

汉武帝看完，觉得这人气概不凡，敢于直言自美，便命他"待诏公车"，即让他在公车署中等待召见。这是个临时的差事，公车令掌管宫门警卫、接待、传达之事。汉代征士，还没有正式的官职时，均称"待诏公车"，其中特异者待诏金马门。

这个差事俸禄微薄，又始终未得汉武帝召见，东方朔很是不满。为了尽快得到汉武帝的召见，东方朔故意吓唬给汉武帝养马的几个侏儒，说他们这些人既不能种田，又不能打仗，更没有治国安邦的才华，对国家毫无益处，因此皇上打算杀掉他们。侏儒们听后大为惶恐，哭着向汉武帝求饶。

汉武帝问明原委，即召来东方朔责问。东方朔终于有了一个直接面对皇帝的机会。他风趣地说："我是不得已才这样做的。侏儒身高三尺，我身高九尺，然而我与侏儒所赚俸禄却一样多，总不能撑死他们而饿死小臣吧！圣上如果不愿意重用我，就干脆放我回家，我不愿再白白耗费京城的粮食。"汉武帝听后捧腹大笑，于是令他在金马门待诏。

后来东方朔任郎官，又任常侍郎中、太中大夫等职。他没有像卫青、张骞一样建功立业，但也是皇帝身边不可或缺的人物。为什么呢？

一是因为他幽默有学问，几十万字没白读，皇上听他说话好玩。据说汉武帝游幸甘泉宫，看到驰道中有一只红色的小虫，牙齿耳鼻都有，但是没人认识。汉武帝于是让东方朔来看，东方朔看完之后回答说："此虫名叫怪哉。此地曾经关押了很多无辜的人，众人哀愁怨恨，都仰首叹息：'怪哉！怪哉！'大概是感动了上天，怨气凝结成了这虫子，所以名叫怪哉。此处必定是当年秦朝的狱所。"汉武帝当即翻阅地图，果然如东方朔所说。

汉武帝又问:"如何驱赶这种虫子?"东方朔回答:"但凡有忧愁的人,都以酒解愁。陛下用酒灌这虫子,它自然就消失了。"于是武帝使人用酒浇虫子,过了一会儿,虫子果真消散了。

二是因为他有思想,有不同的声音。有几个传说能彰显他的智慧机敏。据说汉武帝时,有人因为擅自杀了上林苑的鹿,被有司判为死罪。东方朔对武帝说:"这个人确实该死,理由有三:使陛下因为一头鹿而杀人,这是第一个该死的理由;让天下人知道陛下看重鹿而轻人命,这是第二个该死的理由;匈奴有犯边的急情,需要鹿的角撞死匈奴兵,这是第三个该死的理由。"汉武帝听了之后不说话,后来赦免了杀鹿的人。

还有一次,汉武帝斋戒七天,遣栾大带数十名男女去君山寻不死药。栾大得不死酒而归。汉武帝想要喝时,东方朔说:"我能识别这酒的真假,陛下请看。"说罢便饮了一口。汉武帝烦怒,想要杀了东方朔,东方朔说:"陛下如果能杀死臣,就证明这酒是假的;如果是真的喝了能够不死,那么陛下就杀不死臣。"于是汉武帝赦免了东方朔。有个性还能被君主接受,不能不说是一种智慧。

又有一次,汉武帝组织玩射覆的游戏。射覆,就是猜容器里的东西。汉武帝把壁虎藏在盂中,没有人猜中。东方朔向武帝自请说:"臣曾学《易》,请允许我猜猜是什么。"接着,他将蓍草排成各种卦象,回答道:"这东西说它是龙却无角,说它是蛇又有足，跂跂而行脉脉而视，善于爬墙，不是壁虎就是蜥蜴吧。"汉武帝很吃惊，赐给东方朔十匹帛。后来武帝又让东方朔猜其他的东西，东方朔每猜必中，皆有赏赐。东方朔也因此被汉武帝宠幸的伶人郭舍人嫉妒。郭舍人叫板："你东方朔有什么了不起，猜中只是幸运，其实并没有真本领。"他向汉武帝请求与东方朔一决高下。郭舍人用树上的寄生植物出题，不料东方朔竟也猜中。败后的郭舍人依然不甘心，又给东方朔出谜语，然而东方朔应声就答，没有谜语能够难住他，在场的人都非常惊讶。此后，汉武帝便任命东方朔为常侍郎。东方朔终于得到了汉武帝的提拔。

关于东方朔的神奇传闻很多。他像魔术师，善于察言观色、捕捉细节，也能左右逢源。传闻汉武帝游上林苑时看见一棵好树，问东方朔树名，东方朔说："此树名叫善哉。"汉武帝暗中让人标记这棵树。过了数年之后，再次问东方朔此树之名，东方朔回答说："此树名叫瞿所。"武帝于是说："东方朔欺骗我很久了，此树的名字为何与之前说的不一样呢？"东方朔回答道："大为马、小为驹，长为鸡、小为雏，大为牛、小为犊，人生为儿、长为老，昨日的善哉今日已长成瞿所。生老病死，万物成败，哪里有定数呢？"汉武帝于是大笑。东方朔所谓善哉，就是好啊；瞿所，就是清瘦。很可能就是顺口一说，但没想到汉武帝留心了。数年时间对树木来说变化不会很大，东方朔还能讲出一堆道理，

第六章 | 朝廷：汉武帝臣子的生存之道

東方朔

东方朔像，清代丁善长绘

很明显有牵强附会的痕迹，伶牙俐齿罢了。

据说东方朔做常侍郎的时候，汉武帝有一次在伏天赏赐肉给侍从，然而负责分肉的太官丞迟迟未来。东方朔便独自拔剑割肉，并对他的同僚们说："伏天应当早点回家，请允许我接受天子的赏赐。"随即带着肉离去。太官丞将此事上奏汉武帝。武帝便问东方朔："昨天赐肉，你不等诏令下达，就用剑割肉走了，是为什么？"东方朔脱帽跪着请罪。汉武帝说："先生站起来自责吧！"东方朔再拜说："东方朔呀！东方朔呀！接受赏赐却不等诏令下达，这是多么无礼呀！拔剑割肉，多么豪壮呀！割肉不多，又是多么廉洁呀！回家送肉给妻子吃，又是多么仁爱呀！"汉武帝听罢笑着说："让先生自责，没想到你竟反过来称赞自己！"于是又赐给他一石酒、一百斤肉，让他回家送给妻子。

自建元三年（前138年）起，汉武帝常冒称"平阳侯"（武帝姐夫曹寿就是平阳侯）微服私行，在原上林苑一带驰骋游猎，不但践踏百姓的田禾，骚扰民众的日常生活和地方行政秩序，也给自身带来安全隐患。于是，汉武帝指示太中大夫吾丘寿王等人重建上林苑。新规划的上林苑占地广阔，计划毁弃大片耕地，驱逐原已定居的民众，以兴建宫殿台观，种植奇花异草，放养珍禽猛兽。

东方朔因而进谏："如天不为变，则三辅之地尽可以为苑，何必盩厔、鄠、杜乎！奢侈越制，天为之变，上林虽小，臣尚以为大也。"意思是，如果上天不降灾，京畿三辅都是您的苑；如果上天降灾，即便上林苑小，我还觉得挺大呢。殷纣王、楚灵王、秦始皇大兴土木导致天下大乱，不是吗？"愿陈《泰阶六符》，以观天变，不可不省。"他进献了一部《泰阶六符》，来说明天变的道理，希望皇帝反省反省。当天，皇帝因东方朔奏《泰阶六符》之事，拜他为太中大夫给事中，赐金百斤。讽刺的是，"然遂起上林苑，如寿王所奏云"（《汉书·东方朔传》）。也就是说，皇上照旧修建宫苑，只是做出个敬顺天意的态度罢了。

汉武帝身边的郎官大多认为东方朔是疯子，武帝则认为东方朔若是不行荒唐之事，身边的郎官没有人能比得上他。东方朔自己则说："像我这样的人，就是所谓隐居在朝廷中的人。"他时常在席中饮酒畅快之时唱："隐居在世俗中，避世在金马门。在宫殿里可以隐居起来，保全自身，又何必隐居在深山之中，茅舍里面。"

从中我们发现，东方朔虽是汉武帝宫廷中的红人，但也有他的苦衷。他是诙谐幽默、插科打诨的象征，现在有人认为他是相声界祖师爷。从《史记》和《汉书》中的记载来看，他在汉武帝的朝廷里地位不高，皇帝似乎也爱看他耍活宝。为此，司马迁将其列入了《滑稽列传》。这里面的"滑稽"指不仅能言善辩，而且擅长逻辑，为达其目的而工于言语，有些诡辩。《汉书》里对东方朔的处理更加边缘化，班固把他和武帝宠幸的搞笑艺人也就是倡优郭舍人归为一类人，足见他虽在朝，却绝非重臣，也不是单纯的倡优佞幸。不能不说，正是因为有东方朔这样的人，才让偌大的宫廷在高大和威严中有了机趣，这正是人们记住东方朔的原因。

外朝诤臣汲黯

皇帝身边也需要耿直的忠臣。

汲黯是汉朝名臣，属于外朝官员。汉景帝时，汲黯当了太子洗马，因为严正而被人敬畏。汉景帝死后，太子刘彻即位，任命他做谒者之官。后来汲黯出京做官任东海太守，有政绩，被召为主爵都尉，列于九卿。汲黯耿直讲原则，眼里不容沙子。他不仅好学，还好行侠仗义，很注重志气节操。与他原则志趣相投的，他乐于接洽；与他原则志趣合不来的，他就不耐烦相见。不少士人也因此不愿意和他打交道，觉得他太清高。他平日居家，品行美好纯正；入朝，经常和张汤、公孙弘等人吵架，屡次触犯汉武帝。即使贵为天子的汉武帝，也对这位正直的老先生又敬又畏。《史记·汲郑列传》说：

> 大将军青侍中，上踞厕而视之。丞相弘燕见，上或时不冠。至如黯见，上不冠不见也。上尝坐武帐中，黯前

奏事，上不冠，望见黯，避帐中，使人可其奏。其见敬礼如此。

汉武帝接见臣下时的仪态大不相同。接见卫青、公孙弘时，汉武帝非常不正式，等到汲黯进见，就不一样了，汉武帝不戴好帽子是不会接见他的。有一次，汉武帝坐在威严的帐中，没戴帽子，适逢汲黯前来启奏公事，汉武帝一听汲黯来了，连忙躲避到帐内。汲黯说有事见皇上，皇上只得派近侍代为批准他的奏议。司马迁都感叹，汲黯被汉武帝尊敬礼遇到了这种程度。正直的人受人尊敬，这在汉代文化中非常突出。

汲黯见卫青，更是不卑不亢。大将军卫青的姐姐卫子夫做了皇后，多少人卑躬屈膝，千方百计地巴结卫家人，阿谀逢迎之徒不胜枚举。但是汲黯见到卫青时，仍与他行同朝为臣的平等之礼。

有人出于好心，看汲黯这样不识时务，劝他说："皇上青睐大将军，想让群臣居于大将军之下，大将军如今受到皇帝的尊敬和器重，地位日加显贵，你不可不行跪拜之礼啊。"汲黯若无其事，不慌不忙，淡淡地回答："因为卫青大将军有拱手行礼的客人，就反倒使他不受人们敬重了吗？"汲黯正颜厉色，毫不退让，反而叫问他的人无话可说。这个事情不胫而走，传到了大将军卫青的耳朵里。卫青是正人君子，听到汲黯这么说，肃然起敬，认为汲黯贤良，多次向他请教国家与朝中的疑难之事，敬重大大胜过平素所结交的人。司马迁在《史记·汲郑列传》中描绘：

> 天子方招文学儒者，上曰吾欲云云，黯对曰："陛下内多欲而外施仁义，奈何欲效唐虞之治乎！"上默然，怒，变色而罢朝。公卿皆为黯惧。上退，谓左右曰："甚矣，汲黯之戆也！"群臣或数黯，黯曰："天子置公卿辅弼之臣，宁令从谀承意，陷主于不义乎？且已在其位，纵爱身，奈辱朝廷何！"

从他嘴里讲出汉武帝"内多欲而外施仁义"的话，再正常不过了。即便他如此揭露汉武帝的真面目，汉武帝也只是感慨"甚矣，汲黯之戆也！"这说明皇帝允许他的存在，皇帝身边需要这样讲原则的人，不管是不是做给别人看。

如履薄冰司马迁

在皇帝身边，更多的是如履薄冰的人，大家熟悉的司马迁就是其中之一。我们都知道他在太史令任上受过宫刑。事实上，司马迁是由外朝而入内廷的人。在受宫刑之后，他还当了汉武帝的中书令，负责在皇帝书房整理官内文库档案。

胡三省注《资治通鉴》引《续汉志》说：

> 尚书令，承秦所置；武帝用宦者更为中书谒者令。是时石显为中书令，五鹿充宗为尚书令，疑两官并置也。

西汉年间，尚书承秦，中书为汉武帝所创。中书属于内廷宦官机构，与皇帝接触频繁，其长官称中书令。司马迁学识过人，是典籍里有记载的第一位中书令，中书令一职有可能就是因司马迁而设。

电视剧《汉武大帝》一开篇就有司马迁的镜头：中书令司马迁被宣上殿，主上汉武帝坐在龙书案边，司马迁跪在底下。龙书案上堆着司马迁写就的《太史公书》，皇帝说："朕读了你的书，朕气病了，少说也折了朕一年的阳寿，你还嫌不够吗？你是想让朕杀你，好让千秋万代都颂扬你的忠烈，而唾骂朕是个暴君吗？朕偏不成全你！"司马迁赶紧说："陛下，您的心胸真如大海一样深邃，不是臣这样卑微的人所能够真正看透的。"皇帝说："书，你可以拿去，但重新起草，大可不必。有人劝过朕，要烧掉你的这部书。朕说没必要，你的这部书，朕看虽然不能作为国家的正史，但是可以作为你这位史官的一家之言。"他反问司马迁："你认为你真的了解朕吗？许多事，最终只有天知道。"《汉

司马迁像,选自清南薰殿旧藏《历代圣贤像》

武大帝》以这样的片段作为开篇，是倒叙，这段对话文献中没有记载，但完全有可能发生过。

对此，典籍中也存有蛛丝马迹。三国时著名学者王肃曾讲到，汉武帝听说司马迁写了《太史公书》①，于是找来他自己和他父王的本纪看，看后勃然大怒，"削而投之"，即删了不少并且扔在一边，所以汉景帝、汉武帝两人的本纪"有录无书"，就是只有目录没有正文了。这个事让人心惊胆寒，如果汉武帝当时失去理智，司马迁的书就灰飞烟灭了。

后代传下来的《史记》一共一百三十篇，就是今天看到的样子。这一百三十篇作者是谁？有的人会说，不就是经历艰难苦恨的司马迁吗？它的主体部分内容，应出自司马迁之手。但是有相当的内容，汉朝时就不存在了，因此我们今天读到的有些内容，并不是司马迁的手稿。比如有人读到《孝景本纪》《孝武本纪》，也就是司马迁那个时代的"现当代史"时，发现文风和前面的《秦始皇本纪》《项羽本纪》完全不同。后者的文采相当好，行云流水，人们也很爱读，但是《孝武本纪》宛如流水账，机械地罗列材料，读起来味同嚼蜡。三国时有一个叫张晏的学者指出，当时他看到的《史记》之中，至少十篇不是

---

① 《史记》最初称为《太史公书》，可能到东汉以后才称《史记》。《太史公书》的"书"，可有可无，比如商鞅的《商君书》也叫《商君》。

出于司马迁之手，包括《孝景本纪》《孝武本纪》《礼书》《乐书》《律书》《汉兴以来将相年表》《日者列传》《三王世家》《龟策列传》《傅靳列传》。这个观点经常被后代学者引用。

司马迁在《报任安书》中明确讲过，《太史公书》有两个系统，一个是正本系统，一个是副本系统。正本系统藏之名山，而副本在京师。藏之名山，是希望后世君子得到，能看到他司马迁真正的心路历程。正本是他写给后世的，或者说写给自己的。有人猜测，这里的名山可能就是韩城（司马迁老家在今陕西韩城南）周围某座山，还有人说名山是藏书楼。而副本系统要送到京师的天禄阁或者石渠阁之中，二者分别是皇家的图书馆、档案馆，存有大量典籍文献，以供皇帝随时调阅御览。这个副本系统，就可能被做手脚了，内容和汉武帝价值观产生分歧的，要么被删，要么被改写。这都在司马迁的意料之中，否则他为什么弄两个版本呢？《太史公书》的情况足以说明，司马迁和汉武帝之间，关系相当复杂。

按照张晏的看法，到了两汉之交，《太史公书》至少有十篇缺载。它们去哪儿了？有人说无外乎两种可能。第一种可能，是汉武帝臣僚为之，把书里涉及当世君臣的、汉武帝不喜欢的文字摒弃掉。第二种可能，就是司马迁自己为之，故意在这几个话题上回避，导致有录无书。

这些缺失的篇目后来被补全了，其中一位参与补全的人就是西汉后期元帝、成帝时候的学者褚少孙。褚少孙,也被称为褚先生。今天的《史记》不少地方有"褚先生曰"的标记。褚先生补得比较粗糙,比如《孝武本纪》,基本上是删《封禅书》而得。张晏不大喜欢褚少孙的补法,说他"言辞鄙陋",并不是司马迁的本意。据说还有一个叫冯商的汉朝人,续补《太史公书》七篇,也有说十几篇的。唐朝史学家刘知幾认为,续补《太史公书》的不止褚、冯两家,而是有十五家之多,包括刘向、刘向的儿子刘歆、冯商、卫衡、扬雄、史岑、梁审、肆仁、晋冯、段肃、金丹、冯衍、韦融、萧奋、刘恂等。还有人说不止这些人。这些补充,有的内容可能加在《太史公书》里,有的可能是他们自己的著作,很可惜很多也亡佚了。不管怎样,这都说明今天我们看到的《史记》,作者绝不是司马迁一个人。①

太史令和中书令这两个职位,注定了司马迁和汉武帝之间有着微妙的联系。这个联系有合,也有离。为什么汉武帝能放司马迁一马,让《太史公书》大部分传下来?经历这么多变故,

---

① 古代著作的写作,和今天很不一样,不是在某个固定时间内完成,很可能后来人还不断增删,一部书可能是一个学派的总结,所以作者也不是一个人。一个学派如果有明显的传承,人们就习惯于用这个学派的祖师爷或者其中最有影响力的人物的名字给书命名。那时候也没有版权意识,所以《太史公书》里有一部分内容不是司马迁写的,有司马迁的先人父辈写的,也有司马迁的传承者写的。《报任安书》里面司马迁说自己和好多人一样,"意有所郁结,不得通其道也,故述往事,思来者"。

汉武帝或许看中了司马迁和自己的相合之处。

后人也许会突出司马迁和汉武帝之间的矛盾。人们都知道李陵之祸给司马迁的人生带来一系列灾难。司马迁也在书里讲到主上劳民伤财、穷奢极欲、好大喜功、迷信鬼神的弊病。后世指责司马迁是违背正统思想的异端学者的也大有人在。汉成帝时，皇帝的叔叔东平王刘宇曾向朝廷请求赏赐他一部《太史公书》，皇帝和臣僚商量后决定不给，他们认为司马迁书里有很多纵横之言和阴谋奇计，怕诸侯王看了学坏。

东汉末期，董卓祸乱朝廷，王允利用董卓和吕布之间的矛盾设计杀掉了董卓，大学者蔡邕被视为董卓羽翼，面临极刑。蔡邕想完成汉史的编修，请求王允不要杀他，他甘愿遭受肉刑。王允表示："昔武帝不杀司马迁，使作谤书，流于后世。"可见王允的态度很明确：阁下要像司马迁一样写"谤书"吗？司马迁在书中骂汉武帝，你蔡邕是不是也想在史书中骂我？所以蔡邕必死无疑。表面上，王允杀蔡邕的理由冠冕堂皇：国家中衰，政治动荡，坚决不能让奸臣在幼主身旁说三道四、写文章欺骗世人。后来王允后悔了，想改主意却已来不及，群臣士大夫都为蔡邕哭泣，兖州、陈留还有人拿出蔡邕的像称颂他。让王允下定决心杀蔡邕的，居然是司马迁的故事。

但以上只是历史的一个侧影，不是全部。我们不能忽视司马迁和汉武帝之间合的一面，毕竟司马氏一族都为汉家天下服务。三代以来,司马氏都是王室史官。英明神武的汉武大帝到泰山封禅时,没带着身为太史令的司马谈(司马迁之父)。道理也很简单,圣上喜欢儒生,要建立大有为之政,而司马谈精通黄老道家,皇帝疏远他正体现了一朝天子一朝臣。司马谈后来一病不起,在弥留之际对司马迁说:"余先,周室之太史也;自上世尝显功名于虞夏,典天官事。……今汉兴,海内一统,明主贤君忠臣死义之士,余为太史而弗论载,废天下之史文,余甚惧焉!汝其念哉!"他希望儿子能完成他未竟的事业,尤其是当时海内一统,司马谈作为太史而不能记录明主贤君、忠臣义士等的事迹,内心惶惑不安,所以热切地希望儿子能替他实现这个愿望。

就此而言,司马迁不可能成为皇帝的对立面。而且,他在受宫刑之后还出任了皇帝的中书令。中书令往往由阉人担任,很受皇帝信任,许多人很看重这个职位,因为在皇帝身边,思想能影响到皇帝。司马迁的朋友正是看到了这一点,让司马迁"慎于接物,推贤进士",但司马迁不为所动。《报任安书》中说:

> 曩者辱赐书,教以慎于接物,推贤进士为务,意气勤勤恳恳。若望仆不相师,而用流俗人之言,仆非敢如此也。仆虽罢驽,亦尝侧闻长者之遗风矣。顾自以为身残处秽,动而见尤,欲益反损,是以独郁悒而无谁语。谚曰:"谁为

为之？孰令听之？"盖钟子期死，伯牙终身不复鼓琴。何则？士为知己者用，女为说己者容。若仆，大质已亏缺矣，虽材怀随和，行若由夷，终不可以为荣，适足以见笑而自点耳。

任安来信的内容具体是什么，今天已不得而知，很可能是有求于司马迁，让他在皇帝面前美言。司马迁受宫刑险些丢掉性命，很明白自己的处境。自己因受宫刑，已不属士大夫之列；陪伴皇帝左右，也是以宦官的身份，如履薄冰，不敢多言，难以参与朝议。"今少卿抱不测之罪，涉旬月，迫季冬，仆又薄从上雍，恐卒然不可为讳，是仆终已不得舒愤懑以晓左右，则长逝者魂魄私恨无穷。请略陈固陋。阙然久不报，幸勿为过。"如果说，此时任安已经受巫蛊之祸的牵连，判了腰斩，那么司马迁的回信就有了更深刻更无奈的意味：你让我"慎于接物，推贤进士"，我只能不予理睬，现在你该明白了吧？你现在的心情，就是我当年的心情啊！《史记》中没有巫蛊之祸的记载，是司马迁没有活到那时候，还是他不敢写呢？虽然缺乏证据，但个中原因值得玩味。

司马迁作为中书令，其著作不大可能逃脱汉武帝的法眼，所以《太史公书》的保存和流传，一定有汉武帝的默许在内。前文所述电视剧中的镜头，虽系艺术创作，但不无道理。看到太史令和中书令这两重身份，我们就会意识到一点：司马迁写这书，恐怕初衷不是简单地吐槽，而是要宣大汉之威。司马迁的背后存在一个强大的皇权，这恐怕才是《史记》成为二十四史之首的原因。

第七章

太液：万乘之尊的敏感一面

今天北京的太液池，是学习汉代建章宫太液池而来，太液秋风是燕京八景之一。宫城之内开池的做法始于偃师商城，但池名"太液"始于西汉时期修建的建章宫，后来历代宫城、都城中的池苑多沿用此名。

太液池，又称泰液池，是西汉建章宫北一个人工湖。史载其占地十顷，北岸有石鲸雕刻，西岸有石龟雕刻，池中有珍禽异兽。汉武帝为求神祈仙，曾建高二十多丈的渐台，又筑蓬莱、方丈、瀛洲三座假山。太液池遗址中还残留两座大土包，是池中假山的残迹。1973年2月，考古工作者发现一个长4.9米，最大直径1米的橄榄形石雕。这么大，这么怪，是什么呢？据考古专家鉴定，这块石雕是当年太液池岸边的石鲸，现藏于陕西历史博物馆。

陕西历史博物馆的石鲸

太液之风起,帝王亦感伤

我们说起太液池,脑海中出现的首先是北京的太液池。乾隆皇帝手书的"太液秋风"碑至今还立于中海的水云榭里,碑背面刻有诗,后半部分是:"爽入金行阊阖表,波连瑶渚趯台瀛。高秋文宴传佳话,已觉犁然今昔情。"这是说,秋天清凉的风吹入天门阊阖,令人凉爽;瑶池仙境波涛荡漾,跃上瀛台。乾隆皇帝诗中用的是汉朝的典故。汉武帝汇集文学贤良,趁着金秋推杯换盏;人们的真情流露出来,怡然自得,古人的感情和今天一样。

"爽入""金行""高秋"说的都是秋天,为什么乾隆皇帝那么青睐秋天呢?其实和汉武帝写过《秋风辞》有关。

据说后土代表土地,是汉朝祭祀的主要对象。元鼎四年(前113年),汉武帝率领群臣到河东郡汾阴(今山西万荣西南)祭祀后土。秋风萧瑟,鸿雁南归,汉武帝乘坐楼船泛舟汾河,饮宴中流,触景生情,写下了《秋风辞》:

> 秋风起兮白云飞,
> 草木黄落兮雁南归。
> 兰有秀兮菊有芳,
> 怀佳人兮不能忘。

太液秋风，清代张若澄绘

第七章 太液：万乘之尊的敏感一面

> 泛楼船兮济汾河，
> 横中流兮扬素波。
> 箫鼓鸣兮发棹歌，
> 欢乐极兮哀情多，
> 少壮几时兮奈老何。

诗以景物起兴，继写楼船中歌舞盛宴的热闹场面，最后感叹乐极生悲，人生易老。小序说"上行幸河东，祠后土，顾视帝京欣然，中流与群臣饮燕，上欢甚，乃自作《秋风辞》"。

这时汉武帝四十四岁，即位已近三十年。他打击匈奴，打通西域，平定并开发边陲，采取的国家专卖、统一货币、重农贵粟三大政策卓有成效，克服了长期用兵造成的财政危机，国力强盛，威名远播。身为大汉天子的刘彻，叱咤风云，但身体与常人一样，无法抗拒衰老和死亡。所以兴尽悲来，感慨万千。

诗的意思不难懂。秋风起，白云飞，草木枯黄雁南归。秀美的是兰花，芳香的是菊花，都快凋零了，于是想到了美人，难以忘怀。乘坐楼船行驶在汾河上，船桨划动，扬起白色的波浪。吹箫打鼓唱船歌，欢乐过头哀伤多，年轻的日子早过去，渐渐衰老，真是无可奈何。

这诗细腻温婉，很难想象出自金戈铁马的汉武帝。汉代在行政制度上承秦制，在文化上受楚风影响甚大。屈原弟子宋玉的《九辩》说"悲哉，秋之为气也，萧瑟兮，草木摇落而变衰"，留下了宋玉悲秋的典故，汉武帝的《秋风辞》也受此影响。

汉武帝的交通工具是楼船。楼船外观似楼，因其船大楼高，为古代水战之主力。但亦因船只过高，常致重心不稳，不适远航，故多只在内河及沿海的水战中使用。楼船出现于春秋战国时期的吴越，吴国即以大型楼船"余皇"作为指挥舰。到了西汉时期，楼船也是主力战舰，为主帅所乘，船上可容兵员数十至数百名，因此汉代有统率水军的楼船将军，水军亦称楼船士。在汉武帝一朝的不少战争中，楼船都发挥了重要的作用。汉武帝坐着楼船，看着汾河的波涛，听着船歌，感慨人生易老，他多想让自己的韶华、能量和千秋基业永存不朽啊！

乾隆皇帝说的"高秋文宴传佳话"，指的是柏梁台赋诗。据说汉武帝筑柏梁台，与群臣联句赋诗，句句用韵，开七言诗的先河。这件事是不是发生在秋天？不好说。但是乾隆皇帝把文宴和高秋附和到了一起。

乾隆皇帝用了不少典故，表达他思古之幽情。同样是贵有四海的帝王，汉武帝的故事自然也在其所用的典故中。汉武帝的伤感，也是乾隆皇帝的伤感。前有康熙、雍正两代帝王的辛勤铺垫，乾隆皇帝几乎坐享了逐步走向鼎盛的大清江山，"十全武功"的成就，《四库全书》的编纂，"六下江南"的惬意，巩固统一多民族国家的丰功伟绩，这一切让乾隆皇帝名垂青史。

然而他中年丧妻，孝贤纯皇后富察氏突然崩逝于德州，一连串的皇子夭折，让他深感人生无常。

乾隆曾写过悼亡诗："早知失子兼亡母，何必当初盼梦熊"。梦熊，语出《诗经·小雅·斯干》的"吉梦维何，维熊维罴"，后喻为生子。乾隆皇帝丧妻丧子，备受煎熬，当年得子的喜悦变成了今日的泪水。越是位高权重，越能体会到生死面前，人力非常有限。汉武帝会诉诸道家、神仙家这些非人力的因素，也在情理之中。

神仙家风靡一时

以长生不死为目的进行修炼的术士，被称为神仙家，风靡于战国、秦汉。他们的修行方式不同，但目的都是长生不死、保命全形。其中有一派，流行于齐燕沿海一带，叫服食派，主要通过食用异物（他们宣称的自然界的长生不老药）而求长生，声称海上有仙人，仙人有长生不老之方。《西游记》里，美猴王欢宴之中忽然落下泪来，感慨生命无常，于是有猴子告诉他可以去寻访仙人，最终找到了菩提祖师。菩提祖师不仅传授悟空想要的长生妙法、巩固根源的口诀，还在明知悟空会出去惹祸的情况下，教会了他七十二变以及筋斗云。这些内容很大程度上脱胎于神仙家的服食派。

悟空向菩提祖师问道,清代《西游记》画册,绘者不详

神仙家为何会在沿海地区兴起，而不是在内陆或者西部山区呢？这当然是有原因的。沿海地区离海近，神秘的茫茫大海给人们提供了想象的空间，有人跨越障碍去海外的岛屿，把那儿的风土人情传回来，添油加醋就有了海外仙山。连白居易《长恨歌》都说"临邛道士鸿都客，能以精诚致魂魄"。杨贵妃在马嵬坡被唐明皇赐死，回到长安的唐明皇痛苦不已。后来，有道士帮助唐玄宗寻找杨贵妃。道士忽而上天，忽而入地，"上穷碧落下黄泉，两处茫茫皆不见"，终于在海中虚无缥缈的仙山上找到了杨贵妃。杨贵妃以"玉容寂寞泪阑干，梨花一枝春带雨"的形象在仙境中再现，还让道士告诉皇帝"但教心似金钿坚，天上人间会相见"。

诸君请想，蓬莱、方丈、瀛洲这三座仙山的影响有多大啊！当年秦始皇派徐福去寻找不死仙药，就是要到海上这些仙山上。"修仙得道"的最高目标和信仰，正好与道家"深根固柢，长生久视"（《老子》）的思想如出一辙。有人说道教的神仙信仰，简直就是神仙家思想的"翻版"。其实道教就是东汉时期吸收了道家思想和神仙方术而形成的本土宗教。

道教中神仙人物的代表之一为安期生。《史记正义》引《列仙传》，说安期生是琅琊阜乡亭（今山东临沂）人，他"卖药海边。秦始皇请语三夜，赐金数千万，出，于阜乡亭，皆置去，留书，以赤玉舄一量为报，曰'后千岁求我于蓬莱山下'"。安期生在东海边卖药，秦始皇东游登琅琊台，其间与安期生交谈三夜，赐金数千万给他，但安期生皆置之于琅琊阜乡亭，独自而去，并留书信及赤玉舄一双为报，告诉秦始皇一千年后记得到蓬莱山下找他。后来，秦始皇遣使入海求之，未至蓬莱山，遇风波而返。《汉书》说安期生为策士，与蒯通友善，曾经投奔项羽，但没能得到重用。

《史记·封禅书》记载，汉武帝对安期生的留恋更是有过之而无不及。临淄人李少君对汉武帝说："臣尝游海上，见安期生，安期生食臣枣，大如瓜。安期生仙者，通蓬莱中，合则见人，不合则隐。""于是天子始亲祠灶，遣方士入海求蓬莱安期生之属，而事化丹沙诸药齐为黄金矣。"齐地方士栾大也自称"臣常往来海中，见安期、羡门之属"。

有人据此认为汉武帝接触了丹药。炼丹必须具备丰富的化学知识与技术，在古代算"高科技"，应是李少君、栾大等人的专长。化学史专家多认为，中国的炼丹术可能发轫于战国和秦代齐燕方士的求"不死之药"（《史记·封禅书》）。然而至今说不清"不死之药"到底是什么，从《盐铁论·散不足》说秦代齐燕方士"言仙人食金饮珠，然后寿与天地相保"看，这些药大概与"金丹""黄白"有一定关系。汉武帝时李少君的"祠灶"化丹砂为黄金，令皇帝延寿。据说淮南王刘安也有《枕中鸿宝苑秘书》，言"神仙黄白之事"（《汉书·淮南王安传》）记史子心为傅太后作金当延年药服用，更明确提到服金之事。这些都是西汉时期的史事。截至目前还未发现西汉时期的直接考古材料，迄今为止考古所见的最早的炼丹设备是 1970 年西安市南郊何家村出土的唐代炼丹用的银石榴罐和玛瑙研钵，但最早的炼丹文献是传世的《太清金液神丹经》《黄帝九鼎神丹经》等书，据考约出现于两汉之际。这样，我们有理由推测汉武帝因服食丹药，产生了多疑、狂躁、致幻等药理反应乃至中毒症状，加剧了他中老年的心理疾患。后面发生的巫蛊之祸等一系列政治事件，或与之相关。

前面提到，建章宫太液池遗址曾发现石鲸。这条石鲸，是汉武帝时期雕刻并放入太液池的。据《三辅故事》记载："（太液）池北岸有石鱼，长二丈，广五尺，西岸有石龟二枚。"据文献记载，太液池岸边还有石鳖和各种石雕的珍禽异兽，是汉武帝对仙境的模拟，表现了汉武帝对长生的渴望与汉代人的信仰。另据记载，秦始皇时期曾雕刻了一条石鲸，放置于"兰池陂"（水池）中；汉武帝时期雕刻了两条，分别放置于昆明池和太液池边。有人说，这块石头乍看并不像一条鱼，这是因为这件雕刻以写意为主，如果仔细看，还是能发现鲸鱼眼睛的。

敏感的帝王之心

汉武帝九五之尊，为大汉王朝建立了丰功伟业，但想要追求虚无缥缈的长生梦想,终究无法实现,不免有兴尽悲来之感。

《西京杂记》一书中记载:"太液池边皆是雕胡、紫萚、绿节之类。"长安人称菰米为雕胡,称葭芦尚未放叶的嫩芽为紫萚,称菰头为绿节。"其间凫雏雁子,布满充积,又多紫龟绿鳖;池边多平沙,沙上鹈鹕、鹧鸪、鵁鶄、鸿鷫,动辄成群。……太液池中有鸣鹤舟、容与舟、清旷舟、采菱舟、越女舟。太液池西有一池,名孤树池。池中有洲。洲上黏树一株,六十余围,望之重重如盖,故取为名。"更有雏凫幼雁往来于草木之间,紫龟绿鳖游于池中。池边多平沙,沙上有成群的鹈鹕、鹧鸪、鵁鶄等禽。皇帝在太液池中游乘的船还有鸣鹤舟、容与舟、清旷舟、采菱舟、越女舟等。太液池西边的一个池,称为孤树池,池中有洲,洲上有一株树,树干粗达六十余围,望起来重重如盖,故称孤树池。

汉昭帝始元元年(前86年)春天,珍贵稀有的黄鹄鸟来到大汉的都城长安,飞过建章宫的上空,降临在太液池边。因汉尚五行中的土德,土德尚黄,黄鹄被视为祥瑞,于是群臣上前祝贺,年仅九岁的汉昭帝十分谦虚,当场作诗:"黄鹄飞兮下建章。羽肃肃兮行跄跄。金为衣兮菊为裳。唼喋荷荇,出入蒹葭。自顾菲薄,愧尔嘉祥。"意思是说,远来的黄鹄飞进皇宫,振动双翅发出沙沙响声。金黄色的羽毛灿烂夺目,菊花一样的尾巴更加鲜明。它啄食荷叶荇菜,穿梭在芦苇丛中。我自知年龄幼小而又德薄才浅,愧对这样的祥瑞。

汉昭帝刘弗陵（前94年—前74年）是汉武帝刘彻少子，后元二年（前87年）被立为太子，同年即位。霍光、上官桀、金日䃅、桑弘羊受武帝遗诏辅政，昭帝即位后委政霍光，霍光由此权倾朝野。诗中可以看出这位小皇帝的聪颖和谨慎。他也是很敏感的呀！

后来的汉成帝也常在秋日同赵飞燕在太液池上游玩，以沙棠木制成船，以云母装饰成鹢首，称为云舟。又刻桐木为虬龙，雕饰如同真的一样，夹云舟而行。成帝怕船行轻荡而使飞燕受惊，命人以金锁缆云舟于波涛之上。《三辅黄图》说："每轻风时至，飞燕殆欲随风入水，帝以翠缨，结飞燕之裾。常恐曰：'妾微贱，何复得预结缨裾之游？'"意思是说，清风吹过的时候，飞燕几乎随风入水，成帝遂用翠缨把飞燕的衣裾结起来，赵飞燕常惶恐地说："妾身份微贱，何德何能劳您大驾把我的衣服下襟结起来？"《三辅黄图》等书中还记载，太液池中有避风台，就是赵飞燕结裾的地方。

回想当年，在建章宫中，中年汉武帝面对太液池边的阵阵萧瑟秋风，同样被触动过心绪。自古帝王之心皆是如此，对权力的执着，对长生的欲念，对家国天下的追求，种种心绪，都难免化为一缕秋风，唯留遗址旧迹供后人凭吊。

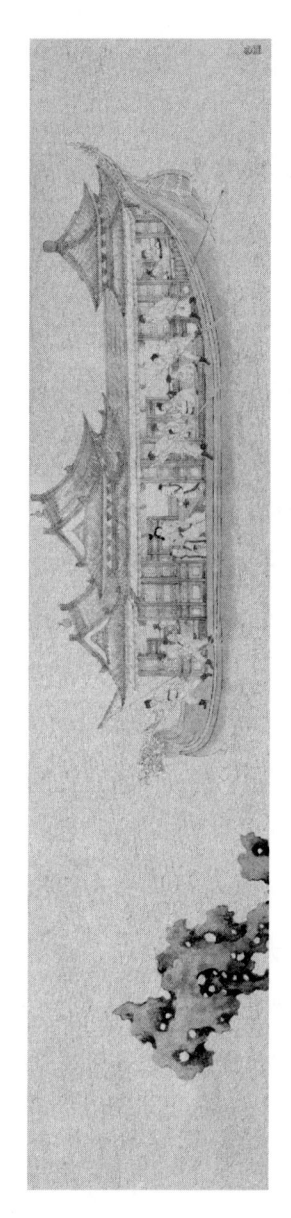

《汉宫春晓图》(局部) 明代仇英绘。图中为汉成帝、赵飞燕等泛舟太液池

第八章

承露：帝王执迷的长生之梦

汉武帝为实现"长生"之梦，不仅服食"丹沙诸药齐"，还留下了"承露"的典故。

神明台是建章宫中一座壮观的建筑。现存遗址东西长52米，南北长50米，残高10米。史载其高五十丈，台上安置有铜柱仙人，手托巨大的承露盘，承接"天露"。

《三国演义》第一百零五回《武侯预伏锦囊计，魏主拆取承露盘》中讲了这样一个故事。魏明帝曹睿耽于声色，在许昌大兴土木，建造宫殿，劳民伤财，怨声不绝。他想长生不老，听说长安有汉武帝时建的承露盘可接天上的"天浆"，于是派马钧赴长安，准备拆了柏梁台上的铜人、承露盘。"忽然台边一阵狂风起处，飞砂走石，急若骤雨；一声响亮，就如天崩地裂：台倾柱倒，压死千余人。钧取铜人及金盘回洛阳，入见魏主，献上铜人、承露盘。魏主问曰：'铜柱安在？'钧奏曰：'柱重百万斤，不能运至。'睿令将铜柱打碎，运来洛阳，铸成两个铜人，号为

魏折长安承露盘，选自清代刊本《三国志像》

翁仲，列于司马门外；又铸铜龙凤两个：龙高四丈，凤高三丈余，立在殿前。"

这个情节是据史书改编的。《三国志·魏书·明帝纪》引了一本叫《魏略》的书："是岁（魏明帝）徙长安诸钟虡、骆驼、铜人、承露盘，盘折，铜人重不可致，留于霸城。"另外一本文献《汉晋春秋》也说："帝徙盘，盘折，声闻数十里。金狄① 或泣，因留霸城。"魏明帝在景初元年（237年）把长安的许多东西，包括钟架、骆驼（可能是石头的），还有铜人、承露盘移到洛阳。不可思议的事情出现了，魏明帝命人给铜人、承露盘搬家时，偌大的承露盘断了，声音几十里外都听得见。据说金狄哭了，不肯走，于是留在了长安的霸城。这个故事被人们神化了，但我们能想象这个盛放露水的盘子何其大。

铜人辞别承露台

唐代诗人李贺写过《金铜仙人辞汉歌》，借上述金铜仙人的故事，来抒发兴亡之感、家国之痛和身世之悲。李贺写道：

---

① 郦道元《水经注·河水四》记载，秦始皇二十六年，有十二个长狄人（长狄是战国秦汉时期的狄族部落）见于临洮，每个长五丈多，人们认为是祥瑞。秦始皇很高兴，仿他们的模样铸了十二个铜人，每个重二十四万斤，"坐之宫门之前，谓之金狄"。

茂陵刘郎秋风客,夜闻马嘶晓无迹。
画栏桂树悬秋香,三十六宫土花碧。
魏官牵车指千里,东关酸风射眸子。
空将汉月出宫门,忆君清泪如铅水。
衰兰送客咸阳道,天若有情天亦老。
携盘独出月荒凉,渭城已远波声小。

茂陵里埋葬的汉武帝刘彻,写过《秋风辞》感慨人生,但他好像秋风过客匆匆而逝,在李贺笔下不过是如同普通人的刘郎。夜里人们仿佛曾听到他的战马嘶鸣,天亮就杳无踪迹了。画有图案的栏杆旁边的桂树,依然散发着深秋的香气。然而长安城的三十六宫,如今却是一片苔藓碧绿。时过境迁,魏国官员驱车载运铜人,直向千里外的魏宫。走出长安东门,寒风带着酸楚,直逼铜人的眼睛。只有朝夕相处的汉月,伴随铜人走出汉宫。怀念起往日的君主,铜人流下如铅水一样沉重的泪水。在通向咸阳的古道上,枯衰的兰草为远客送别,上天如果有感情,也会因为悲伤而变得衰老。独出长安的铜盘,在荒凉的月色下倍感孤独。眼看着长安渐渐远去,渭水波声也越来越小。

这首诗大约是唐元和八年(813年)李贺因病辞去奉礼郎职务,在由京赴洛的途中所作。其时,诗人百感交集,"寄其悲于金铜仙人耳"。安史之乱后,千里萧条,疮痍满目,民不聊生。

李贺的心情很不平静，急盼着建立功业，光耀门楣，不料进京以后，到处碰壁，仕进无望，报国无门，最后不得不含愤离去。李贺将"金狄或泣"的神奇传说加以发挥，并将自己的思想感情投射于金铜仙人身上。特别是其中"天若有情天亦老"一句，已成为传诵千古的名句，曾被毛主席引用在《七律·人民解放军占领南京》中，成为佳话。

神仙家的长寿之术

神仙家是春秋战国时期形成的一类专门从事方术、方技等道术的人，也有人称其为方士，他们往往兼修天文、医学、占卜、相术、堪舆等技艺，并宣传祭祀神灵可以长生成仙。据《史记·封禅书》记载，最早的方士是周灵王时的苌弘。据称，他会阴阳之学，明鬼神之事，在历史上留下了苌弘化碧的故事。《庄子·外物》记载："人主莫不欲其臣之忠，而忠未必信，故伍员流于江，苌弘死于蜀，藏其血三年，而化为碧。"意思是说，君主没有不希望他的臣子尽忠竭智的，但尽忠的人却未必能得到君主的信任。所以伍子胥的尸体被扔进长江，苌弘屈死在东周的蜀地，苌弘的血保藏了三年之后，因精诚感动天地而化成碧玉。

苌弘是以方术事周灵王的大夫。《淮南子》载："苌弘，周室之执数者也。"高诱注："数，历术也。"说明苌弘的主要职务是观测天象、推演历法、占卜凶吉，对周王室的出行起居、祭礼、战事等做预测。司马迁把他写进《史记·天官书》，作为天文学家录入。苌弘学识渊博。《淮南子》说他"天地之气，日月之行，风雨之变，律历之数，无所不通"。《孔子家语》记载，孔子曾特意去拜访苌弘，向其请教"乐"的知识，足见苌弘的学识过人。《史记·封禅书》载苌弘以方术事周灵王。当时诸侯莫朝，"苌弘乃明鬼神事，设射狸首①。狸首者，诸侯之不来者，依物怪欲以致诸侯"。苌弘通过设射狸首，借助鬼神之力，要求诸侯国服从周天子，奉行上天的旨意。

但是，苌弘死得悲惨壮烈。晋定公年间，晋国发生了大夫范吉射和中行寅叛乱事件，苌弘的上司刘文公与范吉射世代为姻亲，为达到削弱晋国实力、辅助周王室的目的，苌弘暗中为范氏出谋划策。内乱平息后，晋卿赵鞅以此为借口要征讨周王室。周敬王是依靠晋国的支持才登上王位的，他迫于压力，为息事宁人，讨好晋国，下令杀了苌弘。忠心耿耿的苌弘最终做了"替死鬼"，于是有了"苌弘化碧"的典故。

方士这一类人声称能够操纵阴阳，为人事服务，让很多人惧怕。而神仙呢，道教认为源自上古之时的彭祖。他曾受尧封

---

① 狸首到底是什么，今天还说不清楚，有人认为是狸的头。

于彭城,年享高寿,其道堪祖,故被后世尊称为"彭祖"。据说彭祖很善于养生,他远离尘嚣而顺应自然,与万物为一,在世修炼八百年而最终得道成仙。据葛洪的《神仙传》,彭祖任殷大夫时,已有七百多岁,却无衰老之相,"善于补养导引之术,并服水桂、云母粉、麋鹿角,常有少容"。所谓水桂,据说是水中精,云母被古人认为是自然界万年不腐的东西,麋鹿角是鹿茸。服食这样的自然精华,再加上导引行气,让彭祖长生不老。他把长生方传给他人,后周游天下,升仙而去。

方士们宣称有办法使灵魂离开肉体与鬼神交通,认为人通过修炼可以长生不死,可以通过炼丹术制作不死之药和黄金。方仙道的名称出自司马迁的《史记》:"为方仙道,形解销化,依于鬼神之事。"所谓形解销化,是说人阳神已炼成,形体已无作用,故可遗弃肉体而仙去,又叫尸解。汉朝人将其类比为某些动物经过变形而获得新生命形态或延续生命的过程,尤其是类似蝉这样的昆虫的蜕变,这一观念具体而朴素。

《论衡·道虚》中,东汉学者王充针对当时人们迷信长生不死和死后成仙批评道:"世学道之人,无少君之寿,年未至百,与众俱死,愚夫无知之人,尚谓之尸解而去。"是说一堆梦想成仙得道的人,折腾了半天也是无用,最后跟老百姓一样都是死,也许还没普通人活得长。

神仙家中的吐纳导引派流行于南方,着重修炼"导气令和,引体令柔"的导引术，强调吐纳呼吸，积气丹田。正如《庄子》中说："吹呴呼吸，吐故纳新，熊经鸟申，为寿而已矣；此导引之士，养形之人，彭祖寿考者之所好也。"嘘唏呼吸，吐却胸中浊气，吸纳清新空气，像黑熊攀缘引体，像鸟儿展翅飞翔，算是善于延年益寿；这是舒活经络气血、善于养身的人，和像彭祖那样寿延长久的人所一心追求的。

天津博物馆收藏的"行气铭"玉杖首，就和战国时的气功有关，铭文为："行气，深则蓄，蓄则伸，伸则下，下则定，定则固，固则萌，萌则长，长则退，退则天。天几春在上，地几春在下。顺则生，逆则死。"郭沫若先生在《奴隶制时代》一书中释其文为："这是深呼吸的一个回合。吸气深入则多其量，使它往下伸，往下伸则定而固；然后呼出，如草木之萌芽，往上长，与深入时的径路相反而退进，退到绝顶。这样天机便朝上动，地机便朝下动。顺此行之则生，逆此行之则死。"

1974年湖南长沙马王堆三号汉墓出土的《导引图》，也是这一类东西，它是现存最早的一卷保健运动的工笔彩色帛画，时代为西汉早期，早于汉武帝。《导引图》出土时大部已破损，经过拼复，共有四十四幅小型全身导引图，从上到下分四层排列，每层各绘十一幅图。每图为一人像，男、女、老、幼均有，或着衣，或裸背，均为工笔彩绘。其术式除个别人像为器械运动外，多为徒手操练。图旁注有术式名称，部分文字可以辨识。

第八章 | 承露：帝王执迷的长生之梦　　　　　　　　　　　　　　169

"行气铭"玉杖首及拓印文字

如"仰呼"即绘一男子直立挺胸,双手向后举,作仰天长啸状;"龙登"为两臂上举,若展翅飞翔状;"以杖通阴阳"即以杖为支撑进行俯仰运动;"熊经"是模仿熊攀缘树木。发明"五禽戏"的华佗是东汉三国时人,但秦汉已经出现系统的导引术,反映了先民的可贵智慧。

服食是神仙家的另外一种方术。方士们声称丹药和草木药都能使人长生。古人讲究道法自然,就产生了一系列自以为正确的认知:自然界的矿石草木既然能长久,人食用之后也能长寿。后来的道教承袭了服食术。某些确有效验的服食药方为医家所吸收提炼,丰富了古代的医药学。仙人承露就是典型的服食之术。

先秦诸子中不少人讴歌水。最典型就是《老子》第八章:"上善若水。水善利万物而不争,处众人之所恶,故几于道。居善地,心善渊,与善仁,言善信,政善治,事善能,动善时。夫唯不争,故无尤。"水善于帮助万物而不与万物相争。它停留在众人所不喜欢的地方,所以接近于道。上善的人居住要像水那样安于卑下,存心要像水那样深沉,交友要像水那样相亲,言语要像水那样真诚,为政要像水那样有条有理,办事要像水那样无所不能,行为要像水那样待机而动。

至于甘美的露水更是备受推崇。《老子》第三十二章:"天地相合,以降甘露。"《列子·汤问》:"庆云浮,甘露降。"甘露被人们认为是天地交合的祥瑞征兆，只有阴阳调和、天地交泰才可能出现，它催生了生命。《汉书·宣帝纪》记载"凤皇集泰山、陈留，甘露降未央宫"，皇帝非常欣慰，"获蒙嘉瑞，赐兹祉福，夙夜兢兢，靡有骄色"。宣帝把这些祥瑞看作上天降下的福祉，让自己避免骄傲，时刻兢兢业业。当然，这都是官方辞令。明代李时珍《本草纲目·水一·甘露》引《瑞应图》说："甘露，美露也。神灵之精，仁瑞之泽，其凝如脂，其甘如饴，故有甘、膏、酒、浆之名。"

李时珍在《本草纲目》水部记载了许多与露有关的养生保健知识。露水，主治中记载"秋露繁时，以盘收取，煎如饴，令人延年不饥""百草头上秋露，未晞时收取，愈百疾，止消渴，令人身轻不饥，肌肉悦泽""百花上露，令人好颜色"。甘露，主治中记载："食之润五脏，长年，不饥，神仙。"从李时珍的表述中，我们能看出古人把露看作十足的神品，不仅要从自然界采集，还得抓住某些时间段，还能够煎，像饴糖一样甜美，能滋润身躯，延年益寿，返老还童。当然这里存在一定的传说色彩与神化内容。

这一套在秦始皇和汉武帝时期较为兴盛。神仙家的代表人物，秦朝有徐福、侯生、卢生，他们是秦始皇身边的方士。徐福奉命出海，找不死之药，结果不知下落；侯生、卢生曾经在秦始皇的催促下找不死之药，后来骂秦始皇专断后逃之夭夭，导致了坑杀方士的恶性事件。秦始皇身边的博士官智囊团七十一人，其中就有神仙家。汉朝李少君、少翁、栾大、公孙卿，都是皇帝的座上宾。方仙道常利用邹衍的五德终始说和神仙方术来解释他们的思想，尊奉黄帝。这些思想为后来的道教吸收利用。

汉武帝好神仙，做承露盘以承甘露，以为服食之可以延年。《史记·孝武本纪》："又作柏梁、铜柱，承露仙人掌之属矣。"《汉书·郊祀志上》："其后又作柏梁、铜柱、承露仙人掌之属矣。"颜师古注引《三辅故事》："建章宫承露盘，高二十丈，大七围，以铜为之，上有仙人掌承露，和玉屑饮之。"这么大的铜盘，一定经过精心设计，有其收取露水的特定方式和技术。玉在自然界长存，人能如玉，是人们不断追求的境界。后代也多有效法此举的人，比如前文所述的魏明帝。三国魏曹植《承露盘铭》："固若露盘，长存永贵。"序曰："皇帝乃诏有司铸铜建承露盘。"此处皇帝即魏明帝。孔羽《睢县文史资料·袁氏陆园》："袁氏（袁可立）陆园在鸣凤门内，有高阜隆起，上面有承露盘、丹灶，名小蓬莱。"圆明园中也有仙人承露。

汉武帝作铜露盘，承天露，和玉屑饮之，欲以求仙。这当然缺乏科学根据。但为了求取这来自上天的纯正的清露，汉武帝建造了这座高达二十丈的铜质承露盘。这反映了古人对自然与人寿命的一些认识。

越是位高权重的封建统治者，越想追求永恒。他们建功立业，留下了令后世瞩目的成就；修建宫阙楼阁，让子孙后代难以超越。未央宫、长乐宫和建章宫宫殿群传达了汉家的气象，成为一个时代的具象符号；汉武帝实现了王朝在军事和行政上的鼎盛，正所谓"统计武帝所辟疆土，视高、惠、文、景时几至一倍，西域之通尚无与中国重轻，其余所增地永为中国四至，千万年皆食其利"（《廿二史札记》）。这些有形遗产的生命力，远远超越了其缔造者的个体生命力。然而另一方面，他们也想追求个体生命的延续，他们的恐惧和任性伴随着皇权的滥用，给迷信与术士可乘之机，这都是秦皇汉武受人诟病之处。

第九章

千门：汉武帝晚年的生活环境

如果皇权与神仙、丹药、黄金、长生捆绑在一起，那么当猜忌、畏惧、迷幻与狂热冲破理性的闸门，出现的将是洪水般的灾难。

如前所述，汉武帝苦心经营的柏梁台遭到火灾焚毁，他十分伤心，召集群臣商议再建宫室，勇之献策建一座更大的房子来制服灾魔。于是继续用香柏造建章宫，号称有千门万户，规格远远超过未央宫，气势非常宏伟。我们不妨把视野放得高远一些，鸟瞰建章宫及其外部环境，尤其是上林苑。

上林苑是秦汉时期的宫苑。秦朝时，阿房宫就营建于此。汉初时，上林苑已荒废。等到武帝即位，又将此地收为宫苑，向周围扩建。苑内放养珍禽异兽，供武帝射猎游戏，同时营建多所别馆。其奢华程度，从司马相如的《上林赋》中可见一斑。

千门万户，排场非凡

汉朝大文学家扬雄，曾描述过上林苑和建章宫的排场。扬雄，字子云，蜀郡成都（今属四川）人。扬雄少年好学，博览群书，长于辞赋，是继司马相如之后西汉最著名的辞赋家，曾仿司马相如《子虚赋》《上林赋》，作《甘泉赋》《羽猎赋》《长杨赋》，洋洋洒洒地讴歌汉家皇室气象。汉成帝出猎，士卒负羽箭随行，其中就有文学家扬雄。

皇帝的排场太大了，扬雄感觉到奢华。他在《羽猎赋》中写道，在上古之时，宫馆池苑的产物足够供奉祭祀、接待宾客、放满厨房，这就够了，执政者不抢夺百姓的土地。女子有余布，男子有余粮，国家富饶，上下充足，所以甘露落在庭园中，凤凰在树上筑巢，黄龙在池沼中游动，麒麟出现在其苑囿中，神雀在林中栖息。上古时候大禹任命一个叫伯益的贵族主管山泽，上下和谐，草木茂盛；成汤喜爱田猎，但天下财用充足；文王的园囿百里，百姓仍以为太小。但战国时齐宣王园囿四十里，百姓认为太大。这是使民富足和抢夺民财的区别。

上林苑的扩建，始于汉武帝时期。《汉书·东方朔传》记载，汉武帝建元三年（前138年），武帝命太中大夫吾丘寿王等人扩建上林苑，并有偿征收扩建范围内的耕地和草地，用以修建苑内景观。后来，上林苑又进一步向东部和北部扩展，形成了前所未有的规模。这就意味着,汉武帝在秦代上林苑的基础上开拓,使汉代的上林苑成为广阔的自然风景游乐区,而宏伟的长安城就在这个自然乐园之中,上林苑成了汉家宫廷建筑的依托。《汉书·扬雄传》记载:

> 武帝广开上林,南至宜春、鼎胡、御宿、昆吾,旁南山而西,至长杨、五柞,北绕黄山,濒渭而东,周袤数百里,穿昆明池象滇河。

扬雄说,当时汉武帝扩建上林,南到宜春、鼎胡(湖)、御宿、昆吾,西傍南山,到长杨、五柞,北绕黄山,东临渭水,周长数百里。这里提到不少上林苑的离宫别馆。和清代皇帝爱住圆明园,不只待在故宫一样,离宫别馆也是汉代皇帝重要的居所。

宜春,是宜春后苑,即今天的曲江池。上林苑的规模太大,不可能一次性规划完备,后来这里又划分出许多小苑,自然的山川、河流、湖泊就形成了一个个小风景区。宜春后苑位于秦离宫宜春宫的旧址,汉武帝在这里修建了宜春后苑和乐游苑。"其水曲折有似广陵之江"(《太平寰宇记·长安县》,扬州古称广陵,广陵之江是扬州一带的长江),故汉代又称曲江,唐朝举子考中以后在这里举办庆祝活动,称曲江宴。

鼎湖,是鼎湖延寿宫。这是汉武帝时修建在上林苑东部的一处离宫。20世纪80年代末，工作人员在蓝田县焦岱镇西南发现鼎湖宫遗址。夯土层有1米厚，整齐砖铺的地面有几何图案和素面，砖上有1米厚的文化堆积层，内有大量绳纹板瓦残片。有成排的排水管道，出土瓦当以云纹为主，文字瓦当有"鼎""鼎湖延寿宫""千秋万岁""长乐未央"等字样。

御宿，即御宿川，又称樊川。《三辅黄图》卷四："御宿苑，在长安城南御宿川中。汉武帝为离宫别院，禁御人不得入。往来游观，止宿其中，故曰御宿。"这是说皇家的离宫别院，一般人不能进，往来游观的贵族，会在此停歇，有必要的话可住宿于此，等待皇帝召见。

昆吾，也是汉武帝时上林苑里的地名，有"昆吾御宿自逶迤"（杜甫《秋兴八首》其八）的说法，指从昆吾到御宿道路曲折连绵。

宜春、鼎湖、御宿、昆吾是上林苑的南线，依傍终南山，已经到了长杨宫、五柞宫。秦代的阿房宫也是"自殿下直抵南山，表南山之颠（巅）以为阙"，即用终南山之峰当作建筑物的阙。长杨宫，也是秦人旧宫。《三辅黄图·秦宫》："长杨宫在今盩厔县东南三十里，本秦旧宫，至汉修饰之以备行幸。宫中有垂杨数亩，因为宫名；门曰射熊馆。秦汉游猎之所。"长杨宫是汉朝在秦宫基础上装修的，是皇帝巡幸时下榻的地方。因为有垂杨，故名长杨宫。

第九章 千门：汉武帝晚年的生活环境

"长乐未央"瓦当

"鼎湖延寿宫"瓦当

有人指出，秦汉时期的皇家园林上林苑中已经出现了大量的植物专类栽培形式。长杨宫、竹宫、棠梨宫、葡萄宫、五柞宫等，以较大规模分别采用垂杨、竹子、棠梨、葡萄、柞等观赏植物为造景材料，明确地以专类植物群落种植方式布置。

长杨宫门口还有射熊的地方。熊是汉代文物中常见的形象，海昏侯墓就有熊形石嵌饰，惟妙惟肖。《诗经·小雅》中也有"吉梦维何，维熊维罴"之句。《汉书·外戚传》记载，有一次，汉元帝刘奭看斗兽，后宫嫔妃陪坐在一旁。突然，一头熊逃出了虎圈，攀上栏槛要跑到殿上来。傅昭仪等女眷都吓跑了，冯婕妤却径直走上前去，挡住了熊，幸好左右侍卫及时上前杀掉了熊。皇上问："人情惊惧，何故前当熊？"冯婕妤对答："猛兽得人而止，妾恐熊至御坐，故以身当之。"意思是，猛兽凶性发作，只要抓着一个人，就会停止攻击，我恐怕它直扑陛下的座位，所以以身阻挡它。"元帝嗟叹，以此倍敬重焉。傅昭仪等皆惭。"由此傅昭仪对冯婕妤越发嫉恨。

后来，冯婕妤被别人诬陷行诅咒之术，想要谋反。有一个叫史立的人对冯婕妤说："熊之上殿何其勇，今何怯也！"意思是，当年你救驾时熊都不怕，现在怎么这样怕？冯婕妤听了此话，立马明白是傅太后（当年的傅昭仪）有意栽赃。想清楚了一切纠葛，冯婕妤知道，只要她在世上一日，傅太后就一日不会收场，无奈之下，只得自行了断。

接着，扬雄说，上林苑"北绕黄山，濒渭而东"。黄山，指黄山宫，在今陕西兴平，地势北高南低，为西汉早期之道教圣地。传说汉武帝曾到黄山宫求仙问道。

扬雄还说："穿昆明池象滇河，营建章、凤阙、神明、馺娑、渐台、泰液，象海水周流方丈、瀛洲、蓬莱。游观侈靡，穷妙极丽。"汉武帝广开上林苑，仿照滇河挖掘昆明池，营建建章、凤阙、神明、馺娑、渐台、泰液，取象海水环绕方丈、瀛洲、蓬莱。游观奢华，美妙无比。凤阙、神明台、渐台、泰（太）液池、馺娑宫都和神仙家描绘的仙境有关。

馺娑为宫殿名。《汉书·扬雄传》中颜师古注"馺娑"："殿名也"。《三辅黄图·建章宫》载："馺娑，马行疾貌。马行迅疾，一日之间遍宫中，言宫之大也。"是说即使快马加鞭，也要一天才能遍行宫中。有人说快马加鞭一天可以跑两三百里，这样的解释有点夸张。

但在扬雄看来，"虽颇割其三垂以赡齐民，然至羽猎、田车、戎马、器械、储偫、禁御所营，尚泰奢丽夸诩，非尧、舜、成汤、文王三驱之意也"。这是说皇帝即便割除上林苑的东西南三边给平民，羽猎、田车、戎马、器械、储备、禁苑的花销，依旧奢侈浮华，并不是尧、舜、成汤、文王射猎的做派。这里的"三驱"有二说。一说古代射猎一为笾豆，二为宾客，三为充君之庖（《汉书》颜师古说），也就是打猎是为了祭祀神灵，为了迎来送往，为了口腹之欲。一说三面驱逐，缺其一面，使猎物有可去之道，而不忍一网打尽，所谓仁心而不合围，据说商汤王这么做过，留下了成语"网开一面"。可能颜师古的说法更符合打猎的实际情况。

扬雄怕这样的做法对后世有消极影响，又讲了个典故。他说："又恐后世复修前好，不折中以泉台，故聊因《校猎赋》以风。"春秋时鲁庄公筑了个泉台，在郎这个地方，结果没盖好，鲁文公时毁了它，是不是很荒谬呢？《公羊传》讽刺说："郎台则曷为谓之泉台，未成为郎台，既成为泉台。"先祖为之，后代毁之，还不如不折腾。扬雄的意思是，宫观乃先帝所为，成帝不可再修，能住就可以了。[①]

喜怒无常的中年汉武帝

在千门万户中，汉武帝并没有再次取得他早年意气风发时

[①] 扬雄在永始四年（前13年）写了《校猎赋》铺陈皇室的雍容华贵，用词非常优美丰富，甚至晦涩费解，凭借气势给人震撼，也委婉地流露出一些讽谏的意思，以供君王参考，文字有一定的思想性。扬雄早年仿司马相如《子虚赋》《上林赋》，作《甘泉赋》《羽猎赋》《长杨赋》等。后世虽然有"扬马"之称，然而《法言·吾子》中扬雄认为自己作赋乃是"童子雕虫篆刻"，"壮夫不为"；认为早年的赋似讽而实劝，以讽谏为表象，实际上对统治者只有鼓励的作用，助长了他们的奢侈。

的功绩。汉武帝在中年以后迷信神仙、热衷封禅巡游,挥霍无度。财政吃紧后又盘剥百姓,多次卖官鬻爵,这种杀鸡取卵的做法和历史上的亡国之君无异。汉武帝后来非常暴虐,恣情任性,易被激惹,多疑专断。清代历史学家赵翼《廿二史札记》中有一则《武帝时刑罚之滥》:

> 《杜周传》:"武帝时诏狱益多,二千石系廷尉者不下百余人,其他谳案一岁至千余章,大者连逮证案数百人,小者数十人,远者数千里,近者数百里。既到,狱吏责如章告,不服,则笞掠定之。于是皆亡匿。狱久者至更数赦,十余岁犹相告言,大抵诋以不道以上。廷尉及中都官诏狱,逮至六七万人,吏所增加又十有余万。"是可见当日刑狱之滥也。民之生于是时,何不幸哉!

《杜周传》所说的只是冰山一角。《史记·酷吏列传》记载了汉初到汉武帝前期酷刑峻法乃至鱼肉乡里的十几个酷吏,特别是汉武帝时期的宁成、周阳由、赵禹、张汤、义纵、王温舒、尹齐、杨仆、减(咸)宣、杜周等。这些人凶狠残忍,都是皇帝的鹰犬,激起很大民愤。张汤"所治即上意所欲罪,予监史深祸者;即上意所欲释,与监史轻平者。所治即豪,必舞文巧诋;即下户羸弱,时口言,虽文致法,上财(裁)察"。这种唯皇帝马首是瞻的做法，为张汤赢得了进阶的资本。

酷吏王温舒更是以杀人为乐，"上书请（天子），大者至族，小者乃死，家尽没入偿臧（赃）"。他有皇帝撑腰，"奏行不过二三日，得可事。论报，至流血十余里。河内皆怪其奏，以为神速"，"尽十二月，郡中毋声，毋敢夜行，野无犬吠之盗"。少数没有被他捕获的、逃逸到"旁郡国"的罪犯，等缉拿归案已经是春天。王温舒顿足捶胸感叹说："嗟乎，令冬月益展一月，足吾事矣！"因为汉代制度春天不能斩杀犯人，只有等到秋后问斩了，"其好杀伐行威不爱人如此"。汉武帝听说此事，"以为能，迁为中尉"，后来"拜为少府，徙为右内史，治如其故，奸邪少禁"，"坐法失官。复为右辅，行中尉事，如故操"。

另外一个酷吏杜周，"其治大放（仿）张汤而善候伺，上所欲挤者，因而陷之；上所欲释者，久系待问而微见其冤状"。有人批评杜周说："君为天子决平，不循三尺法①，专以人主意指为狱。狱者固如是乎？"杜周留下了著名的话："三尺安出哉？前主所是著为律，后主所是疏为令。当时为是，何古之法乎？"

司马迁感慨："法令者治之具，而非制治清浊之源也。昔天下之网尝密矣，然奸伪萌起，其极也，上下相遁，至于不振。当是之时，吏治若救火扬沸，非武健严酷，恶能胜其任而愉快

---

① 古时法律被写在约三尺长的竹简上，故称三尺法。

乎！言道德者，溺其职矣。"遭受宫刑的司马迁直言不讳，对这些鹰犬自然是深恶痛绝。

《史记·循吏列传》中司马迁叙述了春秋战国的五位良吏，即孙叔敖、子产、公仪休、石奢、李离，汉代的则一个也没有，可见司马迁眼中汉武帝一朝官场的样态。甚至位高权重的丞相，在汉武帝一朝也成了很危险的官职。卫绾因失职被免，窦婴因伪造诏书被处死，许昌被免，田蚡发疯而死，薛泽碌碌无为，公孙弘病逝，李蔡畏罪自杀，庄青翟狱中自杀，赵周狱中自杀，石庆数次被贬，公孙贺因巫蛊而死，刘屈氂被腰斩，田千秋病逝。汉武帝在位五十余年的十三位丞相，多半不得善终，这在整个中国历史上都是罕见的。

武帝的喜怒无常，也为其晚年发生的祸乱埋下了伏笔。

第十章

甘泉：汉武帝酿下大祸的离宫别馆

说起汉朝的离宫别馆，最著名的当数汉武帝的甘泉宫。甘泉宫由秦二世的林光宫改建而成，得名于甘泉山。[①]由于资料太少，林光宫和甘泉宫之间的沿革今天还不大清楚。

《括地志》载："（甘泉宫）宫殿台观略与建章（宫）相比，百官皆有邸舍。"可见甘泉宫规模之大。考古发掘显示，甘泉宫城遗址东西长约1950米，南北宽880至890米；宫墙的夯土基宽7米，残高1至5米；遗址西南角和西北角外侧各有一座圆形夯土台基，推测为角楼遗迹。遗址内瓦当随处可见，有些瓦当有"长生未央""甘林"字样。专家推测，甘泉宫同建章宫一样，毁于大火。

从汉武帝的活动来看，汉甘泉宫一度是仅次于长安未央宫的

---

① 《三辅黄图·甘泉宫》："《关辅记》曰：林光宫，一曰甘泉宫，秦所造，在今池阳县西，故甘泉山，宫以山为名。宫周匝十余里。汉武帝建元中增广之，周十九里。"

场所。它很宜居,是皇帝的避暑胜地,一系列重大政治活动被安排在甘泉宫进行。①

甘泉宫中酿苦果

甘泉山一带曾出土不少秦汉建筑遗物,考古学家基于数次勘察,认为秦林光宫、汉甘泉宫就在这一带。《史记·封禅书》记载,汉武帝曾生病,"巫医无所不致,不愈"。有个叫游水发根的人说,上郡一位巫神能治病。武帝把巫神召到甘泉宫,巫神代替神君给武帝说了许多宽心话,"天子无忧病。病少愈,强与我会甘泉"。武帝病好转,就命令手下人在甘泉宫"置寿宫神君",即建寿宫供奉神君。"寿宫神君最贵者太一,其佐曰大禁、司命之属,皆从之。非可得见,闻其言,言与人音等。时去时来,来则风肃然。居室帷中。时昼言,然常以夜。天子祓,然后入。因巫为主人,关饮食。所以言,行下。"这个神君格外神秘,看不到他的样子,能听到他的说话声,是人声。天子祓除以后才能进入庙中,庙以巫为主人,巫来伺候神君。神君有什

---

① 《三辅黄图·甘泉宫》:"汉未央、长乐、甘泉宫,四面皆有公车。公车,主受章疏之处。"公车为官署名,系卫尉的下属机构。汉代有公车司马令、丞,主管宫门传达事,凡臣民上书及征召,都由公车司马令、丞接待。可见甘泉宫也有一套办公机构。

第十章 | 甘泉：汉武帝酿下大祸的离宫别馆

帛画《太一将行图》（局部）

么话，由巫传递，皇帝让人记录下来。司马迁意识到神君说的话，都是世俗人所知道的，没有特别之处。这说明神君应是人扮的。

汉武帝喜欢待在甘泉宫，或者别的离宫别馆，遥控政局。这么做除了能避暑解闷，还有一个明显的目的：皇帝在暗处，臣下在明处；皇帝和臣下疏远一些，利于皇帝看清楚臣下的真面目。

但是这一切的前提有两个：一是君主掌控的国家机器能为自己服务，运作有效；二是君主的头脑足够清醒，能权衡各个方面的利弊，及时辨析各种信息的真伪，并理智地应对突如其来的变故。这两点对于汉武帝而言都是不容易的。一方面，汉武帝对自己的国家机器已经非常谙熟，形成了一系列"经验"或者"套路"，但是他难以对付"经验"与"套路"之外的"黑天鹅事件"，而且由于长期的习惯，对"灰犀牛事件"也可能熟视无睹。另一方面，汉武帝晚年头脑昏聩，性格多疑，丧失了审辨力，宋代苏轼的名文《晁错论》言：

> 天下之患，最不可为者，名为治平无事，而其实有不测之忧。坐观其变而不为之所，则恐至于不可救。

根据工程学的理论，在一次重大事故发生之前，已经有多次的小事故发生。但人们出于各种原因，忽视小事故的存在，认为无足轻重，故对这些预兆置之不理，不能有效消除隐患，而等到大事故真正到来时，才发现是灭顶之灾，束手无策。

"灰犀牛事件"是指那些大概率会发生且影响巨大的潜在危机，这种危机通常是有预兆的。据说非洲草原上体形硕大的灰犀牛，行动非常迟缓，仿佛没有什么攻击性，但它一旦被触怒，袭击人群的时候，被攻击者几乎难以幸免。如果说"黑天鹅事件"是小概率的，那么"灰犀牛事件"是大概率的；如果说前者是经验主义使然，那么后者就不仅是经验主义那么简单，还有许多复杂的深层次原因。一般认为"灰犀牛事件"有三个特征：一是可预见性，人们司空见惯；二是发生概率高，具有一定必然性；三是波及范围广、破坏力强。

如果用"灰犀牛事件"解释汉武帝时期最大冤案巫蛊之祸，应该是比较合适的。它不仅具备以上三个特征，更重要的是，这一惊天冤案从某种程度上说，就是汉武帝老年时的性格缺陷、精神障碍甚至药物反应造成的。

自小覆大，由疏陷亲

皇帝身边亲信中，也有大奸似忠的。在这些人眼中，皇权成了他们实现不可告人目的之工具。江充就是这样的人，他制造了汉武帝晚年的惊天大冤案——巫蛊之祸。曾经建立不朽功业的汉武帝，越老越多疑，生怕他人篡逆，生怕有人害他。即便是原先非常信任的人，时过境迁，他也会对其产生异样的看法。这样的阴暗心理，就给坏人带来了钻空子的机会。这是历史学家严厉批评汉武帝的地方。班固在《汉书·蒯伍江息夫传》中评价：

> 《书》放四罪，《诗》歌《青蝇》，春秋以来，祸败多矣。昔子翚谋桓而鲁隐危，栾书构郤而晋厉弑。竖牛奔仲，叔孙卒；郈伯毁季，昭公逐；费忌纳女，楚建走；宰嚭谗胥，夫差丧；李园进妹，春申毙；上官诉屈，怀王执；赵高败斯，二世缢；伊戾坎盟，宋痤死；江充造蛊，太子杀；息夫作奸，东平诛。皆自小覆大，由疏陷亲，可不惧哉！可不惧哉！

班固不厌其烦地罗列了一大批历史上阴谋奸佞之人引来的"祸败"，究其原因，是"自小覆大，由疏陷亲"。小大之序、亲疏之辨对于儒家思想根深蒂固的班固来说最熟悉不过了。不可否认，小大之序、亲疏之辨有利于早期的社会稳定。既然如此，汉武帝为什么要反其道而行之？他不知道这样做的危害吗？

汉武帝当然知道，但是当时已经不是分封天下、制礼作乐的周代，而是天下郡县、霸王道杂糅的汉代。大一统王朝对分封时代的反动,就是"自小覆大";大一统王朝习以为常的"宰相必起于州部,猛将必发于卒伍",就是"由疏陷亲"。班固批评的立足点明显是周制,而汉武帝看好的是秦制(这大概是汲黯说他"内多欲而外施仁义"的原因吧)。如果按照亲疏之辨来算,登基的皇帝不应是汉武帝刘彻,而应是栗夫人所生的刘荣或者其他皇子;如果按照小大之序来治国,他的权力无疑早就被窦婴、田蚡和淮南王刘安之流架空,哪里有什么一统盛世?①

卫青是大将军,打匈奴立有赫赫战功。卫青的姐姐卫子夫贵为皇后,母仪天下。卫子夫所生的太子刘据,当时是皇帝的法定继承人。汉武帝也打算千秋之后把大位传给太子刘据。卫青是皇帝所挑选的干将,皇帝要用自己人打匈奴。出身低微的卫家人对皇帝百依百顺,毕竟他们的荣华富贵都是皇帝给的。但是随着年龄的增长,卫子夫年老色衰;而卫青威震四方,犯了功高盖主的忌讳。这让皇帝和他们之间产生了距离,尤其是和太子。太子刘据,在脾气秉性上和皇帝多有不同。太子和汉武帝之间有没有政策上的分歧,也是学者们热烈讨论的焦点。我们对这一点不做过多探讨,但《资治通鉴》中汉武帝曾经对太子说:

---

① 《史记·佞幸列传》:"内宠嬖臣大底外戚之家,然不足数也。卫青、霍去病亦以外戚贵幸,然颇用材能自进。""太史公曰:甚哉爱憎之时!弥子瑕之行,足以观后人佞幸矣。虽百世可知也。""内宠嬖臣"也是"自小覆大,由疏陷亲"的力量。

> 吾当其劳，以逸遗汝，不亦可乎！

这句话是司马光概括的，还是汉武帝当时说的？从情理看，一般父亲对儿子讲出这样的话，是符合情理的。汉武帝干了一系列荒唐事，劳民伤财，民怨沸腾，太子看在眼里，嘴上不说，心里头却认为父皇不应该这么折腾。当时他的不满情绪被汉武帝看出来了，皇帝表示：我这一辈人鞍马劳顿，征伐四方，是为了谁？是为了你呀。我做了一大堆事儿，就是打算把安逸留给你这后继者，这难道不好吗？太子也就不说话了。不难看出，太子和皇帝之间，已经产生了一些思想分歧。这是不是政见或者立场之争，还不好说。但这一事件也说明汉武帝想调和他和太子之间的分歧。

前文提到，太子长大后，皇帝给太子另辟出一个处所叫作博望苑。在博望苑里，许多社会贤达聚拢到太子身边。汉武帝虽然罢黜百家，但是把儒家思想和法家思想进行了融合。汉武帝征伐四方，加强皇权，这绝对不是靠仁义道德学说就能完成的。他的统治术，融合了法家的君主集权制度，还有大量的权谋术。"博望"二字体现出的是汉武帝对太子的期许，不见得非得让太子成为博学硕儒，但至少希望他获得一些士人的支持。

太子也好儒，非常恭谨。不过太子喜欢的是《穀梁传》，而董仲舒他们研究的是《公羊传》。虽然都是今文经学，讲的都是微言大义，但是有不同的立足点。《公羊传》明显要激进一些，这些学者讲《春秋》大义，要加强君主权力，皇帝自然喜欢听；而《穀梁传》要保守一些，讲的是"守"，守自己的本分。一刚一柔，皇帝和太子之间，思想倾向不大一样，但说有多么大的矛盾也谈不上。元狩元年（前122年），刘据被立为皇太子，到巫蛊之祸发生，历时三十年。当三十年太子在历史上是非常危险的，因为这么长的时间很难伪装，皇帝也有充裕的时间发现太子的问题，甚至重新考虑储君的人选。

不怕没好事，就怕没好人。太子得罪了江充。江充是什么货色，汉武帝未必不知道。江充，本名齐，字次倩，是赵国邯郸（今属河北）人。江齐的妹妹善歌舞鼓琴，嫁与赵国太子刘丹。江齐由此成了赵敬肃王刘彭祖的座上宾。后来，刘丹怀疑他将自己的隐私告诉了赵王，派人收捕他。江齐逃脱，刘丹就将其父兄杀害，两人结下了梁子。江齐仓皇逃入长安，更名江充，一心报仇，就向朝廷告发刘丹与同胞姐姐及父王嫔妃有奸事，并和地方恶势力狼狈为奸。汉武帝览奏大怒，下令包围了赵王宫，收捕赵太子丹，严肃处理并判其死罪。

刘彭祖是汉武帝的异母兄，为了救儿子一命，也豁出去了，给儿子辩护。《汉书·蒯伍江息夫传》中记载，刘彭祖说：

> 充逋逃小臣，苟为奸讹，激怒圣朝，欲取必于万乘以

复私怨。后虽亨醢,计犹不悔。臣愿选从赵国勇敢士,从军击匈奴,极尽死力,以赎丹罪。

刘彭祖分析得非常对。江充不过是个受缉捕而逃亡的小臣,随便耍弄奸诈,就能挑拨离间,想借天子的威严以报私怨。这种人即便受烹醢之刑,还是不知悔悟,他就是个亡命徒。刘彭祖说,愿意精选赵国的勇猛之士,抗击匈奴,以此赎儿子刘丹的罪。武帝虽赦了刘丹的死罪,其赵国太子的身份却被废了。

汉武帝难道不知道江充是四处惹事、踩着别人往上爬的奸诈小人?他当然知道,然而皇帝在乎的不是江充是不是踩着别人往上爬,而是他能借助江充来解除皇权的潜在威胁。江充也深知皇帝的想法,不怕自己搞出事儿,只要事情的结果是皇帝想要的就行。

据说汉武帝在犬台宫召见江充,江充请求以日常的穿戴觐见,汉武帝同意了。《汉书·蒯伍江息夫传》记载了这件事:

> 充衣纱縠襌衣,曲裾后垂交输,冠禅纚步摇冠,飞翮之缨。充为人魁岸,容貌甚壮。帝望见而异之,谓左右曰:"燕、赵固多奇士。"

皇帝说他是"奇士",才不管他是不是善类。待江充上前,与武帝一番谈论后，武帝大为高兴，因为江充请求出使匈奴，正中武帝的下怀。汉武帝问他有何打算，他觉得出使应因变制宜，事情不好预先打算。这种作风，恰恰是那些礼法之士、逢迎之徒不具备的。

江充出使匈奴归来后，就被拜为"直指绣衣使者"①，督捕盗贼，监察皇亲国戚的越礼行为。当时贵戚近臣中骄奢僭越成风，江充一一弹劾，毫不留情，还奏请没收这些人的车马财物，让他们到北军营待命，抗击匈奴。"贵戚子弟惶恐，皆见上叩头求哀，愿得入钱赎罪。上许之，令各以秩次输钱北军，凡数千万。"江充为人非常不光彩，靠着陷害别人往上爬，但是皇帝喜欢他。皇帝觉得给他功名利禄，他肯定感念皇帝，对皇帝亦步亦趋。

上以充忠直，奉法不阿，所言中意。

这就是皇帝的软肋，认为江充"忠直"，又"奉法不阿，所言中意"，"所言中意"又比"忠直"的作用大。出于功利的目的，皇帝信任"所言中意"者不过是拿他们当工具。但这群只讲利

---

① 这样的身份相当于后代的特务或者秘密警察。这些人身穿绣衣，手持节杖和虎符，四处巡视督察，发现不法问题可代天子行事。"绣衣使者"也称作绣衣御史、绣衣直指、直指绣衣使者，也简称直指。

益的钻营之徒又何尝不是把皇帝当成工具呢？"奉法不阿""所言中意"不过是手段。

江充看到太子的手下驾着太子的车马走驰道。驰道是皇帝巡狩外出时走的官道，除了皇帝，其他人不能走。太子的手下居然驾车走驰道，等于说儿子破坏了父亲定的规矩。太子很害怕，找到江充，说：

> 非爱车马，诚不欲令上闻之，以教敕亡素者。唯江君宽之！

太子请求江充不要上奏，不想让皇帝知道此事后怪他平时没有管教左右，对他产生不好的印象。江充不顾太子的请求，公事公办，径直上奏皇帝。汉武帝说：

> 人臣当如是矣！

这就是江充要的。我们不禁思考，江充不怕得罪太子吗？其实他比谁都精明，知道这是一个极好的表演机会，能向皇帝表明，在他眼里只有皇帝。此时的皇帝已陷入江充设的局中，觉得太子都不能够让江充破例，可见这个人多么公正无私。所以皇帝嘉奖江充，由此对他更加信任。江充威震京师。他担任水衡都尉，亲族好友沾光的不少。然而江充也因此被处分：

> 久之，坐法免。

我们今天不清楚江充"坐法免"之后是以什么身份出入朝廷的。这个现象本应该引起皇帝的重视，江充根本不是他认为的"奉法不阿"，仅仅是"所言中意"而已。

太子和江充的矛盾越来越深。江充琢磨，日后太子登基，自己一定会受到报复，干脆先下手为强。于是他灵机一动，利用了皇帝和太子父子之间的嫌隙，检举太子使用巫蛊诅咒皇帝。从中我们也可推知，皇帝和太子之间的矛盾，在当时统治集团高层中，很可能已是人所共知的。甚至有学者推论，很可能太子刘据真有诅咒汉武帝的行为，因为当时不少人都在诅咒这个昏乱狂悖的皇帝；换言之，汉武帝在不少人眼中就该死，太子可能也这么认为。这样的推论固然大胆，但并非完全没有道理。

屡次发生的巫蛊之祸

有人说，汉代是巫术复苏的时代，很大程度上是先秦诸子理性思想的倒退。

巫蛊之术是通过破坏偶像来诅咒他人的行为，盛行于汉朝。

在不少人看来，汉朝文化和巫术文化的关系极其密切。秦汉时期就有日书，相当于后代的皇历，每天该做什么，不该做什么，必须循规蹈矩，否则就会有麻烦。这是迷信行为，但秦汉时不少人用过巫蛊害人。汉武帝征和二年（前91年），有人举报丞相公孙贺的儿子公孙敬声使用巫蛊。其实公孙贺和汉武帝关系非常密切，公孙贺夫人的妹妹就是皇后卫子夫。但是公孙贺的儿子公孙敬声不仅和阳石公主私通，还派人以巫术诅咒皇帝，最终公孙贺父子皆死在狱中，整个家族也因此受到株连。

《汉书》记载，公孙贺被处死数月之后，汉武帝的女儿诸邑公主和阳石公主也都因巫蛊之罪被处死。明眼人一看这个势头便知不妙，因为某些荒唐的现象，皇帝居然拿自己的亲人开刀，还有什么做不出来的呢？

于是，在江充举报太子使用巫蛊之术诅咒皇帝后，太子和皇帝的冲突爆发了。

这个时候，武帝上了年纪，身体不好，神情恍惚，老做怪梦，梦见周边有木头小人拿着武器在打自己。这是气衰神昏使然，还是服药致幻，今天不得而知。武帝醒来就让人去彻查。江充①指使胡巫檀何欺骗武帝说：

---

① 关于此时江充的身份，文献记载不清。即便如《江充传》说他由水衡都尉任上"坐法免"，也可能很快又有迁转。免官以后不久又有他任，在汉代历史上常见。或者他还是皇帝的直指使者。

> 宫中有蛊气，不除之，上终不差。

江充进而向皇帝上书，说您之所以有这样的病状，是因为巫蛊；巫蛊不除，您的病好不了。于是汉武帝命江充专门办理巫蛊的事，江充就在长安大规模地展开调查。我们就这一点看，汉武帝非常不明智。春秋时代的楚昭王就有反对"禜"祭的故事，应当说比汉武帝清醒得多。《左传》哀公六年（前489年）记载"有云如众赤鸟，夹日以飞，三日"，楚昭王派人询问周太史，周太史回答："其当王身乎！若禜之，可移于令尹、司马。"但楚昭王认为：

> 除腹心之疾，而置诸股肱，何益？不穀不有大过，天其夭诸？有罪受罚，又焉移之？

楚昭王没有举行禳灾的"禜"祭。这个记载明确表明，"禜"指把此处的灾祸转移到彼处。秦汉时代"秘祝"与此相似，《史记·封禅书》说"秘祝"的职责为"即有灾祥，辄祝祠移过于下"（《汉书·郊祀志》同），把天子的灾祸转嫁到臣民的身上。但据说汉文帝觉得这种做法不好，就把"秘祝"废掉了，① 不能不说

---

① 《汉书·郊祀志》载："文帝即位十三年，下诏曰：'秘祝之官移过于下，朕甚弗取，其除之。'"

这点上汉文帝要比汉武帝高明。

《汉书·外戚传》中还记载有这样一件事:

> 赵飞燕谮告许皇后、班婕妤挟媚道,祝诅后宫,詈及主上。许皇后坐废。考问班婕妤,婕妤对曰:"妾闻死生有命,富贵在天。修正尚未蒙福,为邪欲以何望?使鬼神有知,不受不臣之诉;如其无知,诉之何益,故不为也。"上善其对,怜悯之,赐黄金百斤。

班婕妤认为,假使鬼神有知,就不会满足自己的非分之想;假使鬼神无知,自己就更没有动用巫术的理由。她所持的就是儒家的"天命论"。"皇天无亲,惟德是辅""生死有命,富贵在天"是经学家老生常谈的话题,从班婕妤口中讲出,说明这是汉代社会上层的常识。汉武帝在这一点上远不如楚昭王、汉文帝,甚至不如班婕妤。

这样理智的态度,汉武帝此时是不具备的,其原因是多方面的。一是汉武帝平素迷信鬼神和巫术,对方士的妄怪之说习以为常,形成了思维定式;二是儒家的伦理纲常、性命之情早已被他边缘化,不过粉饰太平,说说而已;三是汉武帝此时疾病缠身,神志昏乱,很大程度上已经丧失了起码的审辨力。

当时有一种巫师叫胡巫,"胡"是胡人的意思。胡巫奉江充之命，在调查巫蛊之时伪造现场，构陷太子。江充察觉到汉武帝已经和太子离心，才敢在宫中掘巫蛊。他在宫中挖，甚至敢于破坏御座，其大胆至此，说明他深知皇帝的心理。结果在太子宫中果真发现了针刺的六枚梧桐木做的桐人。于是江充下结论，说太子就是在诅咒武帝。此时汉武帝在哪儿呢？武帝没有在京中，而是在甘泉宫中养病。那个时候太子监国，太子的母亲皇后卫子夫留守。

其实汉武帝这么做是冒着风险的，甘泉宫距离长安有一定的距离，他如果控制长安，就需要多重保障：一是长安军队控制在他手中，二是监国的太子与众多官僚足够忠诚，三是他必须有监督前两者的办法。前两者应该都没有出太大问题，否则汉武帝也不会让太子监国而自己去甘泉宫；问题就出在第三点上。

《韩非子·奸劫弑臣》说："夫奸臣得乘信幸之势以毁誉进退群臣者，人主非有术数以御之也，非参验以审之也，必将以曩之合己信今之言，此幸臣之所以得欺主成私者也。故主必蔽于上，而臣必重于下矣，此之谓擅主之臣。"江充是典型的"擅主之臣"，或者说汉武帝身边有不少这样的人，"主蔽于上"，皇权被人当枪使而武帝全然不知。一贯的"自小覆大，由疏陷亲"的做法，被武帝发展到了极致，但他没有好办法来限制这些疏、小之人。除了江充，他甚至没有其他了解事实的眼线。当然，这些对于神昏失志甚至服药致幻的武帝来说，都是妄谈。"将以为智邪？则愚莫大焉；将以为利邪？则害莫大焉。"汉武帝把自己和汉王朝都推到了非常危险的境地。

巫蛊之乱的恶果

江充把太子行巫蛊之事十万火急地报告给汉武帝，皇帝勃然大怒，让与江充一党的宦官苏文、按道侯韩说、御史章赣彻查，结论一致。太子一看江充已下手，自己极其被动，该怎么办呢？太子找到自己的老师，一个叫石德的老先生。石德跟太子说："咱们不能坐以待毙啊。原先，公孙贺父子、两公主都因巫蛊事而死。巫蛊这个东西说不清楚是谁放的，现在江充贼喊捉贼，他说什么是什么。而皇帝又久居甘泉宫中，不在长安，您现在都见不着皇帝，皇上是否活着，是否挟持在奸人手中，我们都说不清楚。"《汉书·武五子传》中记载，石德说：

> 且上疾在甘泉，皇后及家吏请问皆不报，上存亡未可知，而奸臣如此，太子将不念秦扶苏事耶？

昔日秦始皇临终之际，大权旁落于李斯、赵高等人手中，这些人篡改遗诏，立胡亥为太子，赐死皇长子扶苏。要知道，秦始皇死后，李斯、赵高他们弄一堆臭鱼，用腐臭的气味来混淆尸臭，秘不发表。如今皇帝的安危尚不可知，和当年的情况别无二致。您还不吸取扶苏教训吗？现在不动手，到时候悔之晚矣。

在老师石德的劝说下，太子决心起兵杀江充。皇帝呢？此时和太子一样在试探，麻秆打狼——两头害怕。《资治通鉴》把这一段惊心动魄的历史叙述得很详细：

> 太子使舍人无且持节夜入未央宫殿长秋门，因长御倚华具白皇后，发中厩车载射士，出武库兵，发长乐宫卫卒。长安扰乱，言太子反。苏文逃走，得亡归甘泉，说太子无状。上曰："太子必惧，又忿充等，故有此变。"乃使使召太子。使者不敢进，归报云："太子反已成，欲斩臣，臣逃归。"上大怒。

太子向自己的母亲皇后卫子夫报告，说明当前自身的处境非常危险，不能坐以待毙。皇后当然支持自己的儿子，取出宫廷武器，并调动宫廷卫队，告知百官江充已反，现在皇后和太子要代天子剿灭奸人。刘据气愤至极，捉住江充，亲自斩首，并骂道："赵国的奴才，陷害赵王父子还嫌不足吗？又来害我父子！"刘据又下令把那些胡巫在上林苑中活活烧死。江充折腾半天，自己先死了，这是这个机关算尽之徒万万没想到的吧。

这个时候皇帝密切关注着长安的动静，当他听到江充的同党宦官苏文报告太子谋反,认为"太子必惧,又忿充等,故有此变",他想到"乃使使召太子",但没想到"使者不敢进"。

听着手下"太子反已成,欲斩臣,臣逃归"的禀报,武帝立刻丧失了理性分析的能力。要知道,想要确认太子是否真的谋逆,无论如何不能只靠爪牙和宦官的一面之词。此时皇帝来不及思考,已经被江充之流当枪使还全然不知,什么血浓于水、骨肉至亲,被他的权力欲和求生欲排斥在一旁。

刘屈氂作为汉室宗亲,又是丞相,受汉武帝派遣和太子激战。在偌大的长安城中,太子的卫队、太子动员的市民同皇帝掌控的官兵打得不可开交,据说伤亡数万人,长安的沟渠都被染成了红色,这成了西汉中后期统治集团最大的一次内讧。当时太子寡不敌众,曾向北军使者任安求救。任安是司马迁的朋友,也是个老油条,不管太子怎么说,就是按兵不动。最终太子兵败出逃,被追兵追到长安东边的湖县(今河南灵宝西北)泉鸠里,悬梁自尽。而皇后卫子夫早就被汉武帝收回皇后的玺绶,自尽而亡。幻觉、固执、控制欲、疑心病让汉武帝钻进"茧房","想当然"和"实然"之间的信息差使武帝晚年的乱局白热化,造成了汉家巨大悲剧,不能不发人深省。

第十一章

五柞：汉武帝的人生终点与救赎

巫术有不灵验的时候，致幻丹药的药效也会过去。

五柞宫是汉武帝时的宫殿，因内有五柞树而得名。考古人员在今陕西周至县集贤镇发现了一处遗址，专家研究了夯土、陶下水管、云纹瓦，确认此处为秦汉遗址。学者进一步推测，这有可能是汉武帝五柞宫遗址。

《水经注·渭水三》载："东北迳五柞宫西。长杨、五柞二宫，相去八里，并以树名宫，亦犹陶氏以五柳立称。"这里说的陶氏是陶渊明，他自号五柳先生，就是因为门前有五棵柳树。"长杨、五柞二宫，相去八里"很关键，其中一个重要的参照物——长杨宫，其遗址在周至县终南镇。根据方位推测，五柞宫应该在集贤镇。

汉武帝最后的人生在五柞宫度过。此时的他，除了对权力传承的思考，恐怕还有对戾太子的追念。

后知后觉的汉武帝

巫蛊之祸牵连甚众,事情终于被平息下去后,汉武帝才后知后觉地明白过来,发觉了事情的不对劲。为什么呢?因为巫蛊的案件多是冤案,往往谁声称发现了巫蛊,谁就是冤案制造者,典型的贼喊捉贼。皇帝终于意识到,自己的儿子怎么可能造反呢?日后的天下本就是他的啊。汉武帝此时的清醒,或许和丹药的药效退却有关。有一个忠臣叫田千秋,也叫车千秋,为太子鸣冤。皇帝认为田千秋说得有道理,就让手下人彻查。

彻查的结果表明,这一场大祸是妖人江充、宦官苏文等人所为,太子、皇后以及众多人都是无辜的。皇帝非常后悔,把制造这场祸端的奸人尽数灭族,当时追捕太子而立功的官员也被一一杀头。御史大夫和丞相司直是江充的上级,前者自杀,后者被腰斩;司马迁的朋友任安,掌握北军,接到太子的命令后不肯出兵搭救,被认为判断敌情不明,存心观望,也被判了腰斩。

汉武帝建造了思子宫和归来望思之台,表达对儿子的哀念。然而,即使天下人都怜悯太子,太子也不能死而复生。这场事件中,太子有没有诅咒皇帝,今天不得而知。但当时汉朝人都在讲太子的好话;甚至多年后还有人冒充太子刘据,而这冒名者竟受到当时人的追捧。汉武帝父子出于不同利益、不同想法,在坏人的挑拨之下发生的这一次内讧,使汉家元气大伤:内讧中白白死了好几万人;太子刘据更是一门被戮,只留下一个襁褓中的皇曾孙。① 江充是善于揣摩汉武帝心理的人,像他这样的佞臣又岂止一人?不知多少无辜的人成了奸佞之徒的牺牲品。

中老年时的汉武帝犯了几个致命的错误:一是迷信鬼神和巫术,在司马迁看来已经非常过火。鬼神巫术扰乱了他的思维,对国家正常的儒家政治伦理造成了极大的破坏。二是任用"小"和"疏"如江充之类的人来制衡"大"和"亲"。三是和太子的矛盾没能及时疏解,被立三十年的太子已经羽翼丰满,能够代表相当一部分舆论。四是长时间在甘泉宫,已然和太子、群臣产生很大隔膜,"上疾在甘泉,皇后及家吏请问皆不报,上存亡未可知",这样的情况很容易被坏人利用。五是临事而迷,做出了全然错误的判断。武帝固然老迈昏乱,但从他没过多久就为太子平反一事看,远没到神魂颠倒的精神状态。

历史上确实有不少为权力而骨肉相残的事件,但武帝用三十年考验太子,早已把各方力量拿捏得很紧。太子纵有不轨,也不能成功,这从任安按兵不动、太子动用长乐宫卫队但寡不敌众的情况就能看出。他对太子、卫皇后的处理也没必要下死

---

① 即后来的汉宣帝,若不是被廷尉监丙吉藏起来,也会死于非命。

手,完全应该给自己留余地。这一骇人听闻的事件发生在汉武帝的中老年,有着很多必然原因,用"灰犀牛事件"来解读它,应是不过分的。

《史记·外戚世家》载,太子刘据被废后,武帝"未复立太子"。汉武帝次子齐王刘闳早逝,剩下燕王刘旦、广陵王刘胥、昌邑王刘髆和赵氏之子刘弗陵。《史记·外戚世家》:"而燕王旦上书,愿归国入宿卫。武帝怒,立斩其使者于北阙。"此时,燕王刘旦上奏书,表示"愿归国入宿卫",明摆着要参与立储之争。汉武帝把他的使者杀了,给他个下马威,于是谁也不敢造次了。此时大名鼎鼎的钩弋夫人赵婕妤和她的儿子刘弗陵进入高光时刻。

《汉书·外戚传》说赵婕妤"两手皆拳,上自披之,手即时伸。由是得幸,号曰拳夫人"。"拳夫人进为婕妤,居钩弋宫。大有宠,太始三年生昭帝,号钩弋子。任身十四月乃生,上曰:'闻昔尧十四月而生,今钩弋亦然。'乃命其所生门曰尧母门。""钩弋子年五六岁,壮大多知,上常言'类我',又感其生与众异,甚奇爱之,心欲立焉,以其年稚母少,恐女主颛恣乱国家,犹与久之。"据说,钩弋夫人天生双手握成拳状,而汉武帝轻轻一掰,她的手就能伸开了。凭借这样的异象,她获得了武帝的宠幸。而刘弗陵的出生更具传奇色彩,他是钩弋夫人怀孕十四个月诞下的。年逾六旬,喜得幼子的汉武帝不由得想到

钩弋夫人像，近代马骀绘

尧的典故，对刘弗陵越看越爱。然而，刘弗陵太过年幼，武帝担心其日后登基会致使外戚揽权。

《史记·外戚世家》记载了钩弋夫人凄惨的结局，这一做法被后代许多统治者效法：

> 上居甘泉宫，召画工图画周公负成王也。于是左右群臣知武帝意欲立少子也。后数日，帝谴责钩弋夫人。夫人脱簪珥叩头。帝曰："引持去，送掖庭狱！"夫人还顾，帝曰："趣行，汝不得活！"夫人死云阳宫……
>
> 其后帝闲居，问左右曰："人言云何？"左右对曰："人言且立其子，何去其母乎？"帝曰："然。是非儿曹愚人所知也。往古国家所以乱也，由主少母壮也。女主独居骄蹇，淫乱自恣，莫能禁也。汝不闻吕后邪？"

吕后的前车之鉴不远，武帝为了防止大权旁落，赐死钩弋夫人。但《汉书·外戚传》还有不同的说法："钩弋婕妤从幸甘泉，有过见谴，以忧死，因葬云阳。"这是不是回护钩弋夫人被赐死的委婉表述，不得而知。也有可能，汉朝人眼中的汉武帝并不全然是心狠手辣的形象。

汉武帝临终托孤

据说汉武帝时常到五柞宫游览，并在临终前托孤给四大臣：霍光、金日䃅、上官桀和桑弘羊。其中以霍光为托孤大臣之首，《汉书·霍光传》记载："上乃使黄门画者画周公负成王朝诸侯以赐光。"《汉书·外戚传》："后上疾病，乃立钩弋子为皇太子。拜奉车都尉霍光为大司马大将军，辅少主。"汉武帝生前曾叫画工画《周公背成王朝诸侯图》送给霍光，意思是让霍光辅佐他的小儿子刘弗陵做皇帝。

刘弗陵是钩弋夫人所生，汉武帝赐死钩弋夫人，给儿子留下顾命大臣。电视剧《汉武大帝》里面有这样的情节：汉武帝让司马迁给刘弗陵讲周公辅政的故事，意思是霍光就是周公，应该亲之信之。这个工作让司马迁完成，是戏剧情节。但这样的情节应该是发生过的，至于具体是谁给刘弗陵讲，已无从考证。

进而历史从重武功的武帝时代转向重文治的昭宣时代，但昭宣时代的一些原则，应在武帝晚期就有苗头，这似乎能从霍光等人受顾命一事看出。人之将死，其言也善。汉武帝晚年的救赎应是存在的，他的改过自新可能既不像司马光在《资治通鉴》中建构得那么轰轰烈烈，也不尽是后人的层累杜撰。毕竟，他留下了一批大臣，也没让司马迁的著作付之一炬。汉武帝的救赎，至今依然有很大的诠释空间——这也正是古今史家乐此不疲的话题。

另外,《汉书·丙吉传》载:"后元二年,武帝疾,往来长杨、五柞宫,望气者言长安狱中有天子气,于是上遣使者分条中都官诏狱系者,亡轻重一切皆杀之。"后元二年(前87年),望气者说长安监狱有天子气,汉武帝便派遣内谒者令郭穰,把长安官狱中的犯人抄录清楚,不分罪过轻重一律杀掉。

郭穰夜晚来到丙吉(也作邴吉)所在的官狱,这里关押着汉武帝的曾孙刘病已。

惊天冤案巫蛊之祸中,江充与太子刘据有仇,以迷信的方式陷害太子,太子恐惧,起兵诛杀江充,后遭武帝镇压兵败,皇后卫子夫和太子刘据相继自杀,太子一门几乎被斩尽杀绝,唯独襁褓中的太子之孙刘病已逃过一死,被收系在郡邸狱(郡国在长安的府邸中临时设置的官狱)里。

这时候一个叫丙吉的人出现了。他是廷尉监,武帝诏令丙吉到郡邸狱追查巫蛊的事。丙吉心里知道太子的罪过是假的,更为皇曾孙被无辜收监难过,便让忠厚谨慎的女囚胡组、郭征卿在宽敞干净的房间哺育刘病已,私下里给他们提供生活所需。古代婴儿死亡率很高,加上监狱里条件也不好,刘病已曾几次病危,都是丙吉让乳母用药救活。正是由于他幼年多病,所以取了"病已"这个名字,以此祈求健康。

《汉书·丙吉传》载,这个时候汉武帝下令要把监狱里人犯

汉宣帝像，选自《三才图会》

都杀掉，丙吉就紧闭大门，不让郭穰进来，说道：

> 皇曾孙在。他人亡辜死者犹不可，况亲曾孙乎！

皇曾孙在此。普通人都不能无辜被杀，何况皇上的亲曾孙呢！丙吉一直守到天亮也不许郭穰进入，郭穰只好回去报告汉武帝，并趁机弹劾丙吉。或许此时方知自己有曾孙在世的汉武帝也醒悟过来，说："这是上天让这样做的吧。"于是大赦天下。汉武帝此时的所思所想，今日已不得而知。但大赦天下说明他已经否定了原先的做法，或可以理解为他已经意识到所谓"天子气"恰是上苍给他的眷顾令其香火不绝。他是否由此反思，自己原先的狐疑、固执、迷信、暴躁、虚荣留下的只是荒谬，进而为未来布局，寄希望于继任者刘弗陵乃至曾孙刘病已对他的政令改弦更张？即便有这样的想法，也只能说它很大程度上体现为"将来时"。汉武帝的救赎非常玄幻，给后人留下无尽的遐想。

仅几日后，汉武帝驾崩于五柞宫，享年七十岁。同年葬于茂陵，庙号世宗。汉昭帝即位，昭帝之后是废帝刘贺，就是著名的海昏侯。刘贺不成才，被霍光废黜，之后登上帝位的就是汉宣帝刘询，也就是刘病已。丙吉后来成了汉宣帝的丞相。

刘病已在元平元年（前74年）登基。据《汉书·丙吉传》

记载，丙吉这个人非常忠厚低调，并不居功自傲，绝非欺世盗名之徒："宣帝初即位，赐吉爵关内侯。吉为人深厚，不伐善。自曾孙遭遇，吉绝口不道前恩，故朝廷莫能明其功也。"直到神爵三年（前59年）三月，丞相魏相去世，丙吉才接替魏相担任丞相。也就是说，刘病已登基十五年后，丙吉才当丞相。丙吉成了丞相，君臣相得益彰，传为佳话。

有意思的是，上文那个不起眼的、传达圣旨要杀掉刘病已、和丙吉斗争许久的郭穰，经大学问家王国维先生考证，其生平居然牵出司马迁的死年。王国维的《太史公行年考》指出：

> 又案：《刘屈氂传》有内者令郭穰，在征和三年……《丙吉传》亦称内谒者令郭穰，与《宣纪》同。然则果《宣帝纪》与《丙吉传》衍"谒"字，抑《刘屈氂传》夺"谒"字，或郭穰于征和三年为内者令，至后元二年又转为内谒者令，均未可知也。如"谒"字非衍，则内谒者令当即中谒者令，亦即中书谒者令。《汉书·百官公卿表》："成帝建始四年，更名中书谒者令为中谒者令。"然中谒者本汉初旧名。《樊郦滕灌列传》："汉十月，拜灌婴为中谒者。"《汉书·魏相传》述高帝时有中谒者赵尧等。高后时，始用宦官。《汉书·高帝纪》："少帝八年，封中谒者张释卿为列侯。"《史记·吕后本纪》作"大中谒者张释"，又称"宦官

令张泽",自是一人。大中谒者乃中谒者之长,犹言中谒者令也。《成帝纪》注引臣瓒曰:"汉初中人有中谒者令,孝武加中谒者为中书谒者令,置仆射。"其言当有所本。《贾捐之传》:"捐之言中谒者不宜受事。"此即指宣帝后中书令出取封事(见《霍光传》)言之。是则中书谒者,武帝后亦兼称中谒者,不待成帝始改矣。由是言之,《宣帝纪》与《丙吉传》之内谒者令,疑本作中谒者令,隋人讳忠,改中为内,亦固其所。此说果中,则武帝后元二年郭穰已为中谒者令,时史公必已去官或前卒矣。要之,史公卒年虽未可遽知,然视为与武帝相终始,当无大误也。

司马迁在接受宫刑之后担任汉武帝的中书令,王国维先生认为中书令即中书谒者令的略称。他费力考证郭穰的身份是内谒者令,本作中谒者令,到后元二年(前87年)武帝临崩时,郭穰已代替司马迁为中谒者令,司马迁此时应过世或去官。那么司马迁的生命轨迹和汉武帝在很多层面上是重合的,说他目睹了皇帝的荣耀、荒唐、罪孽和救赎,是不过分的。

问题是,汉武帝的救赎成功了吗?这其中就有太多后代史家的建构——君主的任何行为都会成为人们关注的焦点,被放大并仔细诠释。按照法家思路讲,这是因为他是君主,身上有与生俱来的"势"。《韩非子·难势》言:"夫尧、舜生而在上位,虽有十桀、纣不能乱者,则势治也;桀、纣亦生而在上位,虽有十尧、舜而亦不能治者,则势乱也。故曰:势治者则不可乱,而势乱者则不可治也。此自然之势也,非人之所得设也。"汉武帝的荣耀、荒唐、罪孽和救赎,很大程度上都是帝王的"势"使然。我们普通人没有这样的"势",是否能超脱一些呢?

第十二章

尾声：中年武帝与悠悠汉家

说建章宫见证了汉武帝的荣光，并不过分。然而，汉昭帝刘弗陵对建章宫就没有其父的热情了。元凤二年（前79年），在执政数年后，汉昭帝从建章宫搬回未央宫，建章宫成了一般的离宫别苑，门可罗雀。地皇元年（20年），王莽索性拆建章宫诸殿之材以筑九庙，建章宫遂废毁。《汉书·王莽传》载，更始元年（23年），起义军攻入长安后曾火烧未央宫，"未央宫烧攻莽三日"，王莽"避火宣室前殿，火辄随之"。这场兵燹有没有波及建章宫，还不确知。建章宫作为汉家重要的宫苑，自太初年间建造，其光彩和汉武帝中晚年的兴衰荣辱相始终。

《史记·六国年表》中司马迁说：

或曰"东方物所始生，西方物之成孰"。夫作事者必于东南，收功实者常于西北。故禹兴于西羌，汤起于亳，周之王也以丰镐伐殷，秦之帝用雍州兴，汉之兴自蜀汉。

万物萌生于东方，成熟于西方。据此看来，开创事业的人必定出现在东南，收获果实的人常常出现在西北。以今天我们的知识结构看，古人认识到的规律还比较粗疏，带有汉代流行的阴阳五行说色彩，但我们不能苛求古人。汉武帝平定闽越、东瓯、南越在东，经营西南夷、通西域在西；未央宫、长乐宫在东，建章宫在西。司马迁很大程度上似乎也没说错。

"天下难事必作于易，天下大事必作于细"，《老子》说的是人之常理。人们在年轻的时候从事的事情比较简单，势必要把硬骨头搁置一下；等时间久了不少难题也能迎刃而解，但此时已经不是少年。

汉武帝的中晚年，有着一系列成就。汉武帝不可能事必躬亲掌控王朝的一切，但他成功地驾驭了整个国家机器。这仰仗于秦统一以后的官僚体制，从中央到地方，所有官员严格地囊括在中央集权的统辖之内。被官僚组织支撑起来的君主，在具体琐碎的生产生活事务上投入精力的可能性比较小；一层层的官僚替代君主从事与督察这些琐事，君主关心的是国家的行政管理与秩序维护。汉代的制度较为健全，尤其是汉武帝颁行推恩令、制定左官律和附益法、严禁诸侯王参政、裁抑相权、依靠亲信近臣参与决策、形成中外朝制、设十三州刺史部、加强对郡国的控制，这些都是前所未有的政治创举。《韩非子·扬权》言："事在四方，要在中央，圣人执要，四方来效。"意思是君主应保持本色，抓住要害，不着形迹。政事在地方，要害在中央。圣明君主执掌着要害，四方臣民都会来效劳。《汉书·公孙弘传》载：

> 时又东置苍海，北筑朔方之郡。弘数谏，以为罢弊中国以奉无用之地，愿罢之。于是上乃使朱买臣等难弘置朔方之便。发十策，弘不得一。弘乃谢曰："山东鄙人，不知其便若是，愿罢西南夷、苍海，专奉朔方。"上乃许之。

"弘不得一"颜师古注曰："言其利害十条，弘无以应之。"老谋深算的公孙弘恐怕不是理屈词穷，而是看到了朱买臣背后是皇帝，故马上改口。法家主张权力不应表露无遗，不能轻而易举就亮出统治者的底牌。这种四两拨千斤的思路，不仅是法家的权术精神，也是大象无形的政治智慧。

汉武帝做的狂悖之事，很多都发生在他的中晚年。中晚年的汉武帝履行了以前的巡狩旧制，曾十次出巡，求仙求药为他的主要目的。元封元年（前110年，此时汉武帝过了不惑之年）"上遂东巡海上，行礼祠八神"，"乃复东至海上望，冀遇蓬莱焉"。元封五年（前106年，汉武帝已达天命之年），"上巡南郡，至江陵而东。登礼灊之天柱山，号曰南岳。浮江，自寻阳出枞阳，过彭蠡，礼其名山川。北至琅邪，并海上"。太初元年（前104年），汉武帝亲至泰山，"以十一月甲子朔旦冬至日祠上帝明堂，毋修封禅","东至海上,考入海及方士求神者,莫验,然益遣,冀遇之"。太初三年(前102年),"东巡海上,考神仙之属,未有验者……上亲礼祠上帝"。

多次巡海,表明汉武帝留恋东海、笃信神仙传说。汉武帝欲封禅求仙之心极为迫切,方士公孙卿言黄帝封禅后就乘龙上天,汉武帝感叹:"嗟乎!吾诚得如黄帝,吾视去妻子如脱躧耳。"汉武帝居然无所顾恋至此。

通过对比不难发现,秦始皇、汉武帝的巡狩行为已和以前明显不同。[①] 秦皇汉武不仅东上泰山,数至海上,而且遍祭五岳四渎,天下名山大川都有其车马痕迹。他们不仅基于儒家学者的巡狩构想,把受命改制、祭天告成、建立明堂、迷信谶纬灾

[①] 巡狩又作巡守、巡行、巡幸、巡省、巡功等,指古代帝王离开国都进行巡行视察。早期还没有战国秦汉以后比较明确的版图概念和中央集权制度,早期的帝王离开国都,往往借助武力为后盾,在疆域概念比较模糊的前提下,对属于或自认为属于自己管辖的地域进行巡行视察活动。古代就有天子巡狩的活动,天子以四海为家。在唐尧、虞舜、夏、商、西周时期,早期国家的基本形态是天下万邦。最强大的邦国之王,同时也是邦国联盟的最高王。他同盟邦保持联系的渠道,很大程度上依赖朝会和巡狩,国家的职能既包括通过施巫或祭神为诸邦人民祈福禳灾,也包括朝会巡狩中的盟、诅活动和对实际行政事务的处理。吕思勉先生曾经有一番中肯之论:"盖古之天子原不过后世之诸侯;而当时之诸侯,则后世之邑大夫耳,此巡守之制最早者也。其后邦畿稍廓,而至于千里,则当略如春秋时之晋楚秦齐,斯时之天子,巡行其内,固犹非不可行。"也就是说从常理出发,尧舜时代的天子可以支配的版图狭小,巡行其境内是可行的。"封域更广,则有并此而不能行者,周初周召之分陕是也","天子之能躬自巡守,盖迄于邦畿千里之时,过此以往,则事不可行,而亦本无其事"。见吕思勉:《吕思勉读史札记》,上海古籍出版社1982年版,第257-258页。

祥的内容囊括其中，还有种种神仙方术的痕迹。秦皇汉武的巡狩，以谋求仙药而追求长生不老为主要目的，于是各路方士、江湖骗子趁机迎合最高统治者的需要，大肆作祟行骗。汉武帝比秦始皇更甚，"今天子初即位，尤敬鬼神之祀"。汉武帝屡次上当，少翁、公孙卿、栾大等人，假借求仙、丹砂炼金、入海寻药之名，骗取汉武帝的信任，谋取巨额钱财与爵位（《史记·封禅书》）。这样诸多学说杂糅在一起，巡狩封禅已经背离了"功至""德洽"的精神，降格到神仙方术、鬼神之事的层面，与现实政治需要严重脱节了。

汉武帝此时的巡狩行为谈不上是早期国家时代尧舜禹那种勤政为民之举，也没有秦始皇务实，更多地停留在皇权炫耀的层面上，甚至成了典型的劳民伤财、穷奢极欲的行为。故后代帝王若非有特殊需求，几乎不动巡狩这个念想。帝王如有巡狩之念，大臣多予以规劝，以避免重蹈秦皇汉武劳民伤财的覆辙。

秦汉时期出现了中国历史上空前的统一。大一统之所以出现在这一时期，是因为当时发生了一系列变化。随着生产力的发展，铁器、牛耕的使用得到广泛推广，旧有的上层建筑逐渐瓦解，被史家称为新兴地主阶级的一群人在历史舞台上异军突起。他们基于当时复杂的政治局面与实现自身价值的需求，顺应君主集权的趋势，支持并巩固统一，推动了社会阶层的流动。商鞅、李斯、秦始皇、汉武帝这些历史舞台上的重要人物，用武力和行政手段维系社会秩序。这些都深刻地改变了当时的社会结构。经过一代代人的努力，集权与统一终于在秦汉得以实现。尤其是郡县制的确立，使中国历史进入了一个崭新的时代。

近百年来的马克思主义历史学家，从历史唯物主义的角度，就东周秦汉时期经济社会结构的变化、上层建筑的调整等方面予以详细而全面的论述。在这样的研究视野下，汉武帝无疑是个焦点。汉武帝强化集权的种种行为，虽然致使民怨沸腾，但王朝没有土崩瓦解，疆域版图、行政制度等一系列政治资源被后继者承袭下来，在他的儿子、曾孙统治时期出现了富庶繁荣的昭宣中兴。这是汉武帝的幸事，也是历史的幸事。汉武帝被斥"内多欲而外施仁义"，"仁义"不过是他帝业的装点，未必称得上成功；但"多欲"的确是事实，且很大程度上体现在他的中老年阶段。

对汉武帝，汲黯说"内多欲而外施仁义"，大体是不错的。汉武帝给人们的印象是滥用权力，手段严苛。宋朝学者洪迈写的《容斋随笔》，说汉武帝"忍而好杀"，这和他标榜的圣人经术大相背离。上行下效，当时官场上酷吏横行，大名鼎鼎的杜周面对他人的指责就曾经说："前主所是，著为律；后主所是，疏为令，当时为是，何古之法乎！"按照常理，法令有常为好，因为这样老百姓就懂得什么可做什么不可做，天下才能大治。可是汉武帝非常专断，以君主的个人意志践踏朝廷章程，十几位丞相中多数不得善终，大臣无罪被杀者甚众，受株连的不计其数。

在高压政策下，百姓性命如同蝼蚁，社会矛盾多，民变也频繁，人们对汉武帝的非议很多。司马迁本要继承父亲遗志，讴歌"明主贤君忠臣死义之士"，但他记录下的绝非繁花似锦的太平天下，而是一片危机四伏的景象。明代人钟惺的《钟伯敬评史记》言，《史记·封禅书》妙在"将秦、汉以来坛時祀典与封禅牵合为一，将封禅与神仙牵合为一，又将河决、匈奴诸事与求仙牵合为一，似涉傅会，而其中格格不相蒙处，读之自见；累累万余言，无一着实语，每用虚字诞语翻弄，其褒贬即在其中"。"罢黜百家，表章六经，兴太学，修郊祀，改正朔，定历数，协音律，作诗乐，举封禪，绍周后"的汉武帝，做出许多背离天意人心之事，令后世大跌眼镜。此外他还很迷信，想长生无极、超越生死，但现实无情地摆在他面前。

汉武帝周围像少翁、李少君、栾大一类的江湖骗子就很多。或许，若不是汉武帝迷信鬼神巫术，也不会对巫蛊之事如此震怒并酿成大难。为什么绝顶聪明的帝王会在这一点上犯糊涂？其实道理也不难懂，削封国、打匈奴、通西域、罢黜百家、盐铁官营在汉武帝眼中，是能够凭借他的思维进行布局的，但是这一切能否完成，要看上天是否给他足够的时间。

清朝学者赵翼的《廿二史札记》就说东汉的皇帝多不长寿，

所以大权旁落、政局动荡：

> 国家当气运隆盛时，人主大抵长寿，其生子亦必早且多。独东汉则不然，光武帝年六十二，明帝年四十八，章帝年三十三，和帝年二十七，殇帝二岁，安帝年三十二，顺帝年三十，冲帝三岁，质帝九岁，桓帝年三十六，灵帝年三十四，皇子辨即位年十七，是年即为董卓所弑，惟献帝禅位后，至魏明帝青龙二年始薨，年五十四，此诸帝之年寿也。人主既不永年，则继体者必幼主，幼主无子，而母后临朝，自必援立孩稚，以久其权。

汉武帝的成功，与其掌握王朝最高权力五十多年不无关系。东汉皇帝在成功之前天不假年，不能不说是一种遗憾。

汉文帝十七年（前163年），术士新垣平官至上大夫，曾经让人献玉杯，刻有"人主延寿"四字。汉文帝高兴极了，因而以十七年为元年，令天下大酺（天下欢乐大饮酒）。后来大臣张释之等人上书皇帝，奏明新垣平所言皆诈，他的玉杯是哪里伪造的都被查了出来。汉文帝勃然大怒，下吏治罪，新垣平被灭三族。汉代帝王中的楷模汉文帝都会被诓惑，可见帝王心中多么渴望长生。

建章宫始建于太初元年（前104年），是长安城西一处大

第十二章 | 尾声：中年武帝与悠悠汉家

规模的宫室，有着延续长安原政治中心未央宫的特殊意味，绝非普通离宫别苑。营造建章宫时，汉武帝已年逾五十、在位近四十年，权力达到极盛。十七年后，汉武帝寿满天年，没能实现他的长生之梦，却给大汉王朝乃至千秋万代留下了包括建章宫在内的诸多有形、无形的文化遗产。丹药、神仙、建章宫和汉武帝的中老年相始终，令人深省。

建章宫的兴建，缘起于柏梁台的失火，让汉武帝有机会兴建一座更为豪华的宫殿。建章宫与汉武帝的交集仅有十七年，这十七年中，汉武帝不可避免地走向衰老，西汉也进入社会矛盾加速积累的时期。可以说，建章宫诞生于汉武帝人生的巅峰时期，也诞生于西汉王朝的辉煌时期。直至王莽时代，建章宫主体建筑被拆除，西汉也于此终结。建章宫兴起于大火，也最终消失于兵燹前后。悠悠千载，仿佛没有什么人和物能实现永恒。汉武帝和他钟爱的建章宫，在历史的火起火灭中一同缥缈远去，只剩裸露的台基和颓圮的墙体讲述着那段盛衰往事。

20世纪70年代末，甘肃嘉峪关以西约100千米处的玉门花海汉长城烽燧里出土了一批汉代简牍。其中一枚汉代的七棱觚尤为珍贵，上面书写的竟然是汉武帝的遗诏。觚是汉代简牍的一种，一根木棍削成多面，增加了书写的空间。这枚木觚抄写年代是昭帝元平元年（前74年）左右。上书文字大致如下：

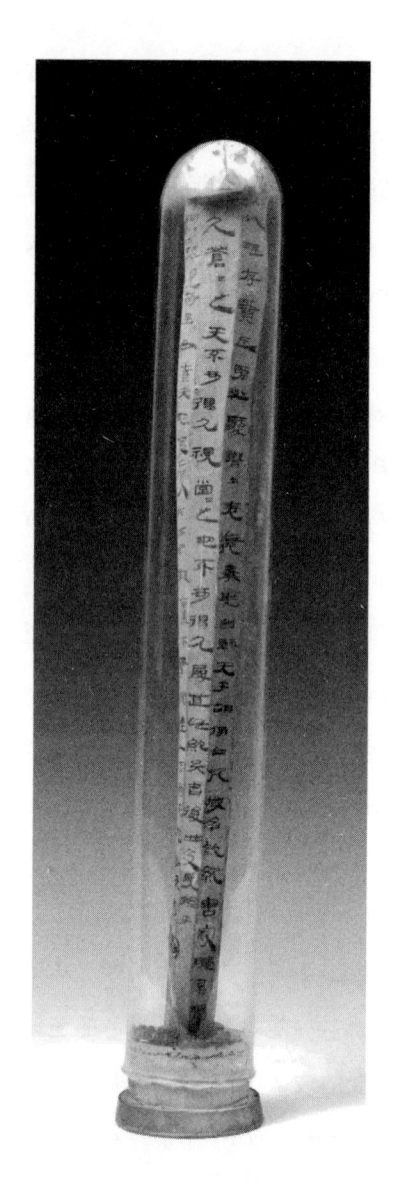

"武帝遗诏"七棱木觚,嘉峪关长城博物馆藏

第十二章 | 尾声:中年武帝与悠悠汉家

> 制诏皇太子:朕体不安,今将绝矣!与地合同,终不复起。谨视皇天之祠,加增朕在,善遇百姓,赋敛以理;存贤近圣,必听谏士。尧舜奉死,自致天子。胡亥自恣,灭名绝纪。审察朕言,终身毋疚。苍苍之天,不可得久视,堂堂之地,不可得久履。道此绝矣!告后世及其孙子:忽忽惕惕,恐见故主。毋责天地,更亡更在。太如舍庐,下敦间里。人固当死,慎毋敢忌。

从中可以看出,汉武帝临终时看淡死生,展现出他仁慈通达的一面,和先前执着于求仙、热衷于杀伐的形象判若两人。这份遗诏竟然出现在远在边疆的烽燧里,足以说明汉代皇权影响之深。经研究,这是汉代边陲戍卒"学书"之物,那么其中就应当带有人们对这份遗诏即对于汉武帝晚年思想转变的认同感,即便它是官样文章。换言之,它流露出来饱经涂炭的民众对于"文景之治"那种太平盛世的回忆和向往。

从历史的发展来看,汉武帝的确在某种程度上实现了永恒,可这种永恒并不是靠神仙方术得来的。不是他的寿命永恒,而是他的思想、事业为后人所继承。汉武帝求仙问药,没长生不死;他耗费资材营造的琼楼玉宇,也早已灰飞烟灭;反而是经历一系列变故和挑战的汉家的制度、思想和治理国家的智慧,成了千秋万代的文化遗产。

附　录

附录一　　　　建章凤阙赋

［东汉］繁钦

筑双凤之崇阙，表大路以遐通。上规圆以穹隆，下矩折而绳直。长楹森以骈停，修桷揭以舒翼。象玄辅之层楼，肖华盖之丽天。当蒸暑之暖赫，步北楹而周旋。鷾鹏振而不及，岂归雁之能翔。抗神凤以甄甍，似虞庭之锵锵。栌六翮以抚跱，俟高风之清凉。华钟金兽，列在南廷；嘉树翕茇，奇鸟哀鸣。台榭临池，万种千名。周欄荜道，屈绕纡萦。（《艺文类聚》卷六十二《居处部二》）

附录二　　轮台诏

　　前有司奏，欲益民赋三十助边用，是重困老弱孤独也。而今又请遣卒田轮台。轮台西于车师千余里，前开陵侯击车师时，危须、尉犁、楼兰六国子弟在京师者皆先归，发畜食迎汉军，又自发兵，凡数万人，王各自将，共围车师，降其王。诸国兵便罢，力不能复至道上食汉军。汉军破城，食至多，然士自载不足以竟师，强者尽食畜产，羸者道死数千人。朕发酒泉驴、橐驼负食，出玉门迎军。吏卒起张掖，不甚远，然尚厮留其众。

　　曩者，朕之不明，以军候弘上书言"匈奴缚马前后足，置城下，驰言：'秦人，我匄若马。'"又汉使者久留不还，故兴遣贰师将军，欲以为使者威重也。古者卿大夫与谋，参以蓍龟，不吉不行。乃者以缚马书遍视丞相、御史、二千石、诸大夫、郎为文学者，乃至郡属国都尉成忠、赵破奴等，皆以"虏自缚其马，不祥甚哉"，或以为"欲以见强，夫不足者视人有余"。

　　《易》之，卦得大过，爻在九五，匈奴困败。公军方士、太史治星望气，及太卜龟蓍，皆以为吉，匈奴必破，时不可再得也。又曰："北伐行将，于鬴山必克。"卦诸将，贰师最吉。故朕亲发贰师下鬴山，诏之必毋深入。今计谋卦兆皆反缪。重合侯得虏候者，言："闻汉军当来，匈奴使巫埋羊牛所出诸道及水上以诅军。单于遗天子马裘，常使巫祝之。缚马者，诅军事也。"又卜"汉军一将不吉"。

匈奴常言:"汉极大,然不能饥渴,失一狼,走千羊。"

乃者贰师败,军士死略离散,悲痛常在朕心。今请远田轮台,欲起亭隧,是扰劳天下,非所以优民也,今朕不忍闻。大鸿胪等又议,欲募囚徒送匈奴使者,明封侯之赏以报忿,五伯所弗能为也。且匈奴得汉降者,常提掖搜索,问以所闻。今边塞未正,阑出不禁,障候长吏使卒猎兽,以皮肉为利,卒苦而烽火乏,失亦上集不得,后降者来,若捕生口虏,乃知之。当今务在禁苛暴,止擅赋,力本农,修马复令,以补缺,毋乏武备而已。郡国二千石各上进畜马方略补边状,与计对。(《汉书》卷九十六下《西域传下》)

后 记

人本身就是矛盾的,因为人的本质不是单个人的抽象物,而是一切社会关系的总和;历史现象是复杂的,不是什么宿命的因素能够决定的,而是众多合力作用的结果。恩格斯一针见血地指出:"历史是这样创造的:最终的结果总是从许多单个的意志的相互冲突中产生出来的,而其中每一个意志,又是由于许多特殊的生活条件,才成为它所成为的那样。这样就有无数互相交错的力量,有无数个合力的平行四边形,而由此就产生出一个总的结果,即历史事变,这个结果又可以看作一个作为整体的、不自觉地和不自主地起着作用的力量的产物。"[1] 我们每每

---

[1] 《马克思恩格斯全集》第37卷,人民出版社1971年版,第461–462页。

拜读这一段名言,都会膺服于伟人的深刻。人受制于历史环境,历史环境中的因素"是由于许多特殊的生活条件,才成为它所成为的那样"。

汉武帝时代,处在历史变局之中,异常复杂。然而人们往往看到了社会合力中有形的因素,而忽略那些无形的、非理性的因素。正如美国学者威廉在《瘟疫与人》中所说:"我们都希望人类的历史合乎理性,有章可循,为了迎合这一普遍的愿望,历史学家也往往会在历史中刻意突出那些可预测、可界定且经常也是可控制的因素。"因而人的心智、情感、意志、生理、病理等一系列纠缠不清的话题,在历史上发挥的作用,很多都在宏大叙事中被搁置或者边缘化了。但历史学中吸引人且活在当下的内容,往往在于此。因此,从汉武帝的情志、中年危机、神仙迷狂与丹药致幻来诠释建章宫史事,不失为看点。

这本小书从百家讲坛《汉家宫阙往事》的讲稿整理而来。当年锁定这个题目,乃因为宫阙是皇权的体现。汉朝的精彩往事摆在这里,自然有人看。汉武帝和他的权力,以及永恒的梦想都已成为明日黄花。我们不禁要叩问,汉家历史能给我们带来什么启迪?读史是为了明理,明理是为了启智增慧。《周易·大畜·象》说:"君子以多识前言往行以畜其德。"孔颖达正义:"多记识前代之言,往贤之行,使多闻多见,以畜积己德。"前言往行是历史,也映照现实。

后 记

　　整理成书的时候，天喜文化的朋友和我商量，能不能在此基础上调整一下立意，后来经过多次讨论，我们认为现在讲汉武帝故事的著作很多，但从汉武帝中老年入手讲人生的少，这恰恰能够发挥"前言往行"对当代人的"史鉴"作用。皇帝都不能违背天意人心，我们一般人又当如何？逝者如斯而盈虚者如彼，在崛起与沉沦、创造与毁灭、赫赫有名与寂寂无名、有常和无常之间，我们如何找到自己的位置，调整心态从而实现自身的价值？这都是需要深入思索的内容。从中年汉武帝的荣耀、危机与救赎出发，借助建章宫等史实，思考权力、人性、历史规律等话题，是很有意义的事情。我们认为，史实背后的哲理比史实本身重要。如果能自圆其说，读者朋友们还能接受，这一工作就有了价值。感谢央视那尔苏、王珊、曲新志、饶源、林屹屹、高虹、兰培胜、李伟宏、李锋、魏学来等老师和李博、孙裕、王佳伟等策划和编辑人员的青睐与付出，希望各位朋友喜欢。

北京师范大学·文学人类学

天壹文化